U0514989

集人文社科之思 刊专业学术之声

集 刊 名：湘学研究

主　　办：湖南省湘学研究院

XIANG RESEARCH 2020 Vol.1 (Issue 15)

联系电话　0731-84219566

电子邮箱　xiangxueyj@163.com

通信地址　湖南省长沙市德雅村湖南省社会科学院《湘学研究》编辑部

2020年第1辑（总第15辑）

集刊序列号：PIJ-2018-358

中国集刊网：www.jikan.com.cn

集刊投约稿平台：www.iedol.cn

研湘 究学

湖南省湘学研究院　主办

XIANG RESEARCH
2020 Vol.1 (Issue 15)

2020年
（总第15辑）
1

社会科学文献出版社
SOCIAL SCIENCES ACADEMIC PRESS (CHINA)

【湘学精神】

抗日战争时期钱基博的湘学观[*]

张晶萍　胡　月^{**}

摘　要：抗日战争时期，钱基博赴国立师范学院任教，入湘八载，由此对湖湘文化有了切身感受。他不但在教学活动中注重挖掘湖南先贤志士文章以作为课程资源，而且在与湘籍学人交往中切磋论述，加深了对湘人湘学的认识。在此基础上，写出了一代名著《近百年湖南学风》。在地域视角与国家视角的融合下，钱基博从近代湖南人物中精选出 7 组人物，按照时间顺序展开，构建了一幅独特的湘学知识谱系，揭示湖湘文化"独立自由之思想""坚强不磨之志节"的品格，塑造出廉顽立懦、激励国人赢得抗日战争胜利的湘学新形象。

关键词：钱基博　抗日战争　湘学观

湖湘文化是中国文化体系中独特而又重要的组成部分，湘学则是湖湘文化的内核。晚清以来，湘学的特色引起众多著名学者的关注与议论，从梁启超到章太炎等人，论著中都涉及湘学人物或其成就。① 民国时期，学者对湘学的探讨由零散的议论发展为系统的叙述，出现了李肖聃的《湘学略》、刘茂华的《近代湘学概论》和钱基博的《近百年湖南学风》等一系列代表性著作。由于各人思想旨趣和立场的不同，所构建出来的湘学形象又有不同。其中，《近百年湖南学风》出自外省学者之手，又形成于抗日战争时期，为我们了解外省人眼中的湘学形象、了解抗日战争时期的地域文化

* 基金项目：湖南省教育厅重点项目"近代湖南国学传承活动研究"（17A138）

** 张晶萍，湖南师范大学历史文化学院教授。胡月，湖南师范大学历史文化学院硕士研究生。

① 梁启超在多部论著中提到湘学，主要有《清代学术概论》《近代学风之地理的分布》《中国近三百年学术史》等；章太炎对湘学人物亦有评价，在《国故论衡》中曾论及王夫之、王闿运等，多有微词。钱穆在《中国近三百年学术史》一书中有言："清儒考证之学，盛起于吴、皖，而流衍于全国，独湖、湘之间披其风最稀。"是为经典论述。新文化运动时期，李大钊曾有《欢迎湖南人底精神》一文，传播甚广。

研究提供了一个范本。鉴于目前学术界尚无相关论述，本文对此进行探讨，以期抛砖引玉，求教于方家。

一 钱基博述说湘学的历史背景

《近百年湖南学风》完成于 1943 年湖南蓝田镇李园，是钱基博长期披阅湘中先贤著述、近接湘人风范、倡导民族精神的结果。

1937 年 7 月全面抗日战争爆发后，湖南成为抗日救亡运动的中心，平、津、沪、宁等各地教育文化机构纷纷迁湘，给湖南的学术文化带来了巨大的影响。特别是 1938 年 10 月国内第一所独立国立师范学院在湖南蓝田镇成立后，一大批国内著名学者如钱基博、钱锺书、皮名举、孟宪承、陈传璋、高觉敷、储安平等人应邀来此执教，为湖南学术文化界带来了新的风气，增强了活力。同时，大量外省学者入湘，也为他们亲身感受湖湘文化精神提供了契机。1942 年到蓝田国师任教的张舜徽就说："此间共事者多江浙士，亦时时为道及之，俾能明乎湖湘学术之大也。"[①] 外省人的身份使他们更能捕捉到湘人湘学的特色；抗日战争的特殊背景，又使他们积极地挖掘湘学中利于立懦廉顽的资源，塑造出强有力的湖湘文化形象。钱基博就是他们的代表。

钱基博（1887—1957），字子泉，江苏无锡人，近代著名的国学家、教育家；先后担任过清华大学教授、上海圣约翰大学国文教授、上海光华大学中国文学系主任及文学院院长，以及无锡国学专修学校教授兼教务处主任。1938年，钱基博应邀出任蓝田国立师范学院国文系主任，在湘中度过了 8 年时光。抗战胜利后，任武昌华中大学（后为华中师范学院）教授，直至去世。

蓝田国师期间，正值抗日战争进入相持阶段。国难深重，知识分子如何志节自坚，为国家为民族做出自己独特的贡献？明耻教战，师范攸赖。作为国立师范的教授，钱基博多次发表演讲，鼓励人们从古圣贤豪杰的出处进退中获得有益的启示[②]，并时常以湖南先辈的志节文章激励国师的学

---

① 张舜徽：《张舜徽壮议轩日记》，国家图书馆出版社，2010，第 220 页。
② 钱基博：《为人师者何以处国难——第二次纪念周与学生讲话》，《国师季刊》1939 第 1 期（成立纪念专号），第 61~63 页。

生。在教育中，他既向学生介绍他记忆中的湖南学者，表彰湖南学者"有独立自由之思想，坚强不磨之志节"，鼓励国师学生"匪仅以自豪乡曲，当思以绍休前人"①；复依据湖南先辈治学办法，教授国文，这不仅因为国师设在湖南、学生多半为湖南人，更是因为湖南的国文"很有一条光荣灿烂的历史，震耀过全国的人文"②。入湘八载，钱基博借阅了许多湖南先贤的文集，"颇亦窥其指要，观其会通"③，体会到湖南先贤的为学精神；又与不少湘籍学者如马宗霍、骆绍宾、张舜徽等人交往密切，谈学论道，加深了对湘学的了解。如1942年张舜徽到蓝田国师任教，就经常与钱基博论学、论国事、论育人之法。据张舜徽《壮议轩日记》，1942年9月25日，他与钱子泉先生"论阎北岳学术大略至二时许"，两人都推崇晚清湘籍学者阎镇珩，"钱翁撰近代文学史，未及录北岳。自去岁余赠以北岳遗书，读而好之，故能窥其微处。余谈次，又力劝其补入文学史，以表彰之也"。④ 同年11月24日，"午后钱子泉先生来谈移时。余谓今日教士以读史为先。渠盛推余言之是"。⑤ 对湘人湘学的感悟以及对国家前途命运的关怀，促使钱基博产生了通过叙述湘贤事迹"借以作厉士气"的念头，其"从诸人困心衡虑时论议行事加以阐扬，以为后人处贫贱患难者之鉴"的用意，也得到湘籍学者如张舜徽等的赞赏，并且后者表示"如见咨诹，当竭余所知与共商榷也"⑥。1943年冬天，钱基博最终在湖南蓝田镇李园完成了《近百年湖南学风》。

二 钱基博"湘学观"的主要内容

与李肖聘的《湘学略》、刘茂华的《近代湘学概论》相比，《近百年湖南学风》无论在形式上还是在内容上都有所不同。李肖聘的《湘学略》上

---

① 钱基博：《我记忆中所认识之湖南学者》，《国师季刊》1939年第1期（成立纪念专号），第56~60页。
② 钱基博：《依据湘学先辈之治学方法以说明本院之一年级国文教学》，《国师季刊》1941年第9期，第1~5页。
③ 钱基博：《近百年湖南学风·导言》，中国人民大学出版社，2004，第6页。
④ 张舜徽：《张舜徽壮议轩日记》，国家图书馆出版社，2010，第6~7页。
⑤ 张舜徽：《张舜徽壮议轩日记》，国家图书馆出版社，2010，第162页。
⑥ 张舜徽：《张舜徽壮议轩日记》，国家图书馆出版社，2010，第421~422页。

起宋代周敦颐，下至清季校经书院，以湘学中的代表人物为中心（有时则以地区为中心），将湘学概括为 26 个学略（学案），从纵向层面勾勒宋代以来湘学演变的轨迹，构建了一幅完整的湘学知识谱系。其对湘学的叙述侧重学术本身，凡在学术或教育上有所建树的人物均揽入其中。刘茂华的《近代湘学概论》紧扣清代学术思潮演变，精选各个领域的代表人物，挖掘湘学在考证学、理学、文学、政治等方面的成就，所言不局限于"学"，还包括术、治等方面，为的是显示湘学与中国民族史、政治史、学术史的密切关系。钱基博没有分门别类地介绍湘学的具体成就，而是通过 7 组人物即 7 个学案来展示近百年的湖南学风，7 个学案按时间顺序展开，构建了一幅独特的湘学知识谱系，凸显了湘学"独立自由之思想，坚强不磨之志节"的特色。

《近百年湖南学风》首先标举的是开启道咸新风气的湖湘人物汤鹏与魏源。其导言曰：

> 清治至道光而极敝，清学至道光而始变。于时承平之日久，主溺晏安，大臣委蛇持禄，容说以为忠；士人汩没科举，诗书以干泽。即有魁异杰出之才，不安固陋，而声气标榜，呼朋啸侣，桐城文章以学古，休宁名物以张汉，文史雍容，姑以永日，而辅世长民，以为非分。倘有文章经国，志气拔俗，发强刚毅足以有执，文理密察足以有别，发聋振聩，大声疾呼者，可不谓之豪杰之士哉！吾得二人焉，曰汤鹏，曰魏源。①

这是一种别出心裁的编排，同时也是深具史识的编排。无论是李肖聃还是刘茂华，都注意到了魏源在湘学史乃至中国近代史上的重要性，而于汤鹏则语焉不详；李肖聃《湘学略》仅在《益阳学略》重点介绍胡达源、胡林翼父子时附带提到益阳其他先贤还有汤鹏，其言曰："汤海秋鹏才气奔放，为古近体诗及《四书》文，数月而得千篇，所著《浮邱子》九十篇，曾公虽致讥评，然祭汤诗文称'韩悍庄夸，荀卿之蕴，麤义半文，百合愈

---

① 钱基博：《近百年湖南学风》，中国人民大学出版社，2004，第 8 页。

奋'者，其才自不可及也。"① 李著着眼的还是汤鹏的文才。而钱基博《近百年湖南学风》将汤鹏放在醒目的位置上，与魏源相提并论，对嘉道湖湘人物的认识由魏源一枝独秀变为汤魏并辉。同时，钱基博述汤鹏与魏源，主要不是着眼于其文才，而是他们的"尚变""致用"之旨趣；不是着眼于湘学内部，而是在整个清代学术嬗变中的地位。当道光之朝政治盛极而衰、学术谋变之时，大多数人浑浑噩噩，沉溺于嬉晏之中；少数不安固陋之士，也只是从桐城文章、休宁名物中寻找出路，不敢去想经世济民之事，以为非己之分内事。在这种背景下，汤鹏与魏源横空出世，以振聋发聩之势大声疾呼变革，文章经国，志气拔俗，可不谓豪杰之士也！钱基博以此入手谈近百年湖南学风，超越了就湘学谈湘学的局限性，立意不可谓不高！通过汤鹏与魏源这两个典型人物的学行业绩，钱基博展示了道光之际湘人湘学的风采。

其次，《近百年湖南学风》以 3 个学案的篇幅、通过 3 组人物来展示湘军将领的风采，既包括罗泽南、李续宾、王鑫等相继战死的将领，也包括胡林翼、曾国藩、左宗棠等功成名就、身兼将相、爵至通侯的将领，还包括虽然经历了战火的洗礼却备受挫折、未能位至显要的刘蓉、郭嵩焘等人。对于罗泽南师徒，钱基博重在阐发他们"醇儒笃躬行"的一面，表彰他们"遭逢世屯，奋身捍乡里""书生以当大敌，蹈难不顾"的精神，指出他们虽然"文采不艳，辞达而已"，但"声教遗言，皆经事综物，公诚之心，形于文墨"②，不唯在晚清之时可以起到匡世拂俗的作用，即便是在当世，也有裨于世道人心。对于胡林翼、曾国藩、左宗棠等功成名就之人，钱基博重在阐发诸人"困心横虑，裕以问学，以忧患动心忍性，而不以忧患丧气堕志"③ 的志节。而刘蓉与郭嵩焘等人，尽管他们与功成名显者"交道离合，亦难言之"，但"处官以廉靖，委己于问学"的做法是一致的。钱基博指出，湘军将领，"位高者固以不懈于学善全其勋名，身退者亦以不懈所学自励于家园。德业尽异崇庳，而苦学则固同归"。④ 所成就的事业或许有大小，但所体现出来的学风则是一致的。

① 李肖聃：《湘学略·益阳学略》，《李肖聃集》，岳麓书社，2008，第 57 页。
② 钱基博：《近百年湖南学风》，中国人民大学出版社，2004，第 19 页。
③ 钱基博：《近百年湖南学风》，中国人民大学出版社，2004，第 31 页。
④ 钱基博：《近百年湖南学风》，中国人民大学出版社，2004，第 47 页。

再次，《近百年湖南学风》同样关注没有寸尺事功的儒生，以王闿运、阎镇珩作为"老儒暗修，独抱遗经"的典范进行表彰。在钱基博看来，这组人物与湘军将领"遭际不同，出处攸异"；"然学不仅占毕，志在于匡俗；通经欲以致用，文章蕲于经国，则固不同而同"。① 虽然王、阎没有功名，但在以学匡俗、通经致用、文章经国等志向上，与湘军将领是一致的。这也是湘学的特色之一。钱基博在该篇中，详述王氏之"夙夜强学以待问，启迪后生如不及，恢张学风，不知老之将至"的行事风格；而于阎镇珩，则凸显其"暗然潜修，不骛声气"的品德，认为阎不与时俯仰，保持了自己独立的学术旨趣与个性。无论是李肖聃的《湘学略》，还是刘茂华的《近代湘学概论》，都未能注意到阎镇珩，而钱基博在论著中再三致意，揭示阎镇珩论学的意义之所在。

复次，《近百年湖南学风》中的第六组人物是邹代钧与罗正钧两人。相对于王闿运、阎镇珩这样较为纯粹和传统的文人学者而言，邹、罗都是在宦海中浮沉的人物，同时又是百年湖南学风中由旧转新的代表人物。邹、罗等"孜矻所学，上说下教，锲而不舍，终身以之"，在"固辅世以长民"的为学旨趣上与王闿运、阎镇珩等人"同归而殊途"②。新化邹氏是近代湖南文化世家，前后延续几代。李肖聃曾作《新化诸邹著作考》，又在《湘学略》中设《邹邓学略》予以介绍；刘茂华在《近代湘学概论》中列邹汉勋入"考证学"领域。李、刘二人均重点表彰邹汉勋，阐发其汉学成就。而钱基博则选择邹汉勋之孙邹代钧，以其作为近百年学风的又一代表人物，对邹代钧学以致用的事迹进行了生动的描述。相对于邹氏家族的文化影响力，本组人物的另一位成员罗正钧其实并不以文才著称，也不以事功凸显，李肖聃、刘茂华均未在论著中涉及。而钱基博视其为湘学中"进德修业"的代表之一，与邹代钧列为一组，揭示其"以学辅世长民"的精神。

最后，《近百年湖南学风》以第七组人物谭嗣同、蔡锷、章士钊殿后，以其作为立身同有本末的湘人代表。钱基博认为，谭嗣同、章士钊"文章经国"，蔡锷"将略盖世"，三人"文武殊途，成败异变，而无不运会维新，志欲匡时"，故列为一组，予以考察，以见百年湖南学风之特质。在叙述诸

---

① 钱基博：《近百年湖南学风》，中国人民大学出版社，2004，第 60 页。
② 钱基博：《近百年湖南学风》，中国人民大学出版社，2004，第 72 页。

人时，钱基博凸显谭嗣同"明于生死之故，变法不成，而杀身以殉所信"，蔡锷"力张军国之策，所投非主，而反兵以声大义"，章士钊"欲权新旧之宜，与时相劘，而鹰诉以将没齿"等形象，强调三人虽然毁誉不同，但在立身行事上均能坚持自己的独立见解、忠于自己的信仰。谭嗣同"处死之决"、蔡锷"明择主之谊"、章士钊"知用晦之道"①，对于匡饬时贤、立懦廉顽具有巨大的作用。钱基博在论著中立专篇予以表彰。

《近百年湖南学风》的 7 组 19 个人物，起自嘉道之际，迄于民国年间，完整地构成了百年湘学的知识谱系，彰显了湘学的特色。7 组人物就其身份而言，"有文人、学者、循吏、良相、名将，不一其人，而同归于好学深思"；诸人所涉及的领域则有"教育、政治、军谋、外交、欧化，不一其术，而莫非以辅世长民"。《近百年湖南学风》以其时尚健在的章士钊殿后，述人而及于生存，似乎不合乎一般的体例。但钱基博认为，章士钊在新旧之间折中权衡，"不曲学阿世以徇一时风气"，不惜"拂时以负众诉"②，正是湘学独立自由之思想的生动体现，其与谭嗣同、蔡锷等人毁誉不同，而性质是一致的。《近百年湖南学风》由魏源始，由章士钊终，一者构成了完整的百年湘学知识谱系，一者则显示湘学精神余风未歇，尚有典型，从而增强对世人的激励作用。

三 钱基博"湘学观"的特点

《近百年湖南学风》不是一部单纯的地域学术文化研究著作，而是借地域文化彰显民族意识、借述说先贤抒发时代精神的著作，由此塑造出了适应时代需要的湘学新形象。

（一）地域视角与国家视角的融合

无论是李肖聃、刘茂华，还是钱基博，都是借助"诵说先贤"的形式完成对湘学的叙述，而立场不同，视角有异。李肖聃着眼于"湘中之学"，其人不限于湘人，而涵盖了流寓湘中的外省人如朱熹、张栻、胡宏等，强

---

① 钱基博：《近百年湖南学风》，中国人民大学出版社，2004，第 85 页。
② 钱基博：《近百年湖南学风》，中国人民大学出版社，2004，第 99 页。

调大师有"过化存神"① 之妙；着眼的是湘学本身的传统与价值，试图恢复湘学传统以应对社会乱象。相对而言，李肖聃的"全国"关怀较为薄弱，而"致维桑之深敬，阐南学之灵光"的意蕴则十分明显。刘茂华论湘学，涉及的主要是"湘人之学"，以梁启超有关清代学术演变的线索为参照，挖掘湘人在考证学、今文经学等方面的成就，强调湘学对全国主流学术思潮演变的"引导"作用，揭示湘学与中国民族、政治、学术、文化的关系之重。刘茂华所言虽是一地之学，却处处隐含着"全国"的背景。钱基博述近百年湖南学风，所选择的是"湘人"之学，揭示的是湖南这块地方所孕育的独特学风。然而，"人限于湖南，而纵横九万里之纷纭，导演于若而人之手。其人为天下士，为事亦天下事"。② 其人虽为湖南人，关怀所及、影响所及，却是天下事，是所谓"天下士"为"天下事"。因此，钱基博述说湖南先贤事迹时，将诸人融入全国的背景下，揭示的是诸人的"全国"意义，而不是就湖南谈湘学。同时，钱基博也再三表明，他研究湖南学风不是为了揭地域文化之帜，而是以"中国人"的身份探讨其中有利于国家民族的精神品格，是为了在抗日战争的背景下树立师范、以矫时枉，"张皇湖南而不为湖南，为天下"③，具有超越地域文化视角的特点。

例如，本书以汤鹏与魏源开篇，将湘人之学放在道光年间政治衰退、学术谋变的背景下叙述，揭示其意义。钱基博指出，当道光之朝政治盛极而衰、学术谋变之时，大多数人浑浑噩噩，沉溺于嬉晏之中；少数不安固陋之士，也只是从桐城文章、休宁名物中寻找出路，不敢去想经世济民之事，以为非己之分内事。在这种背景下，汤鹏与魏源横空出世，以振聋发聩之势大声疾呼变革，文章经国，志气拔俗，不可谓非豪杰之士也！这就不是着眼于湘学内部来谈汤鹏与魏源，而是从整个清代学术嬗变的高度来分析其作用。以此入手谈近百年湖南学风，立意极高！从而超越了就湘学谈湘学的局限性。而对其他各组人物，也时时从"天下士""天下事"的角度出发予以阐发。

另外，在述及湘人行事时，钱基博又倾向于从湘学内部尤其是个人生

---

① 李肖聃：《湘学略》，载《李肖聃集》，岳麓书社，2008，第 21 页。
② 钱基博：《近百年湖南学风》，中国人民大学出版社，2004，第 112 页。
③ 钱基博：《近百年湖南学风》，中国人民大学出版社，2004，第 112 页。

平信仰、个性等方面来揭示其动机。晚清以来，随着湖南对外交往的增多、湖南人才群体的兴起，湖南"风气锢塞""不与中原相交通"的情形已经得到极大的改变，湘学与其他地域学术文化的交流越来越频繁，成为一个开放的系统。但具体到湘人的行事风格，究竟在多大程度上是缘于"湖南人"的身份，又在多大程度上是受到外界的影响？对此往往众说纷纭，莫衷一是，而在各种观点的背后潜含的是对地域文化影响力的评估。最典型的莫过于对谭嗣同、蔡锷等人的看法。戊戌政变发生后，粤人康有为、梁启超等逃亡以生，湘人谭嗣同从容赴死，试图以自己的流血牺牲唤醒国人对维新变法事业的支持。蔡锷在察觉袁世凯复辟帝制的用意之后，逃离京师，潜回云南，举兵反袁，成为再造共和的英雄人物。因谭、蔡二人同康有为、梁启超交往密切，论者往往从康、梁影响的角度解释其活动。钱基博在《近百年湖南学风》第七篇中，专门叙述谭嗣同、蔡锷和章士钊三人，于谭嗣同"得处死之决焉"，于蔡锷"明择主之谊焉"，于章士钊"知用晦之道焉"，重点剖析三人行事的内在依据。钱基博再三强调："顾嗣同之致命遂志，养之有素，其立身自有本末，而谈者藉为康有为之盛德形容；蔡锷之举兵讨袁，操之有本，在英雄别有襟抱，而论者漫谓梁启超之发踪指示。皮相目论，恶足与语天下士也哉！"[①] 换言之，谭嗣同的以身殉信、蔡锷的兴兵讨袁，都是基于他们一贯的信仰，而非康有为、梁启超的指挥与影响。在具体阐发蔡锷的思想主张时，钱基博指出，虽然蔡锷在时务学堂"奉手梁启超"，"然得启超之心传者少，而受杨度之熏染者为多"。故篇中附带许多对杨度思想的介绍，对杨度与蔡锷的交往叙述甚详。正是受杨度君主立宪论的影响，蔡锷形成了军国主义的信仰，"志在尊主庇民，整军经开，鹰扬虎视，别有伟抱"，其所言所行均是出于自己的信仰，"岂曰师命惟从，而奉梁启超之一言而称兵者哉？"[②]

总之，钱基博述近百年湖南学风，没有局限于就湖南论湘学，而是将湖南隐含于全国的背景下，同时又注意从地域文化的视角予以解释，强调地域文化的作用，实现了地域视角与全国视角的融合。

---

① 钱基博：《近百年湖南学风》，中国人民大学出版社，2004，第92页。
② 钱基博：《近百年湖南学风》，中国人民大学出版社，2004，第98页。

（二）独特的湘学知识谱系

李肖聃论湘学侧重学术本身，凡在学术或教育上有所建树的人物均揽入其中。尽管李肖聃认为"崇朱子"才是湘学的正统，但在所建构的湘学知识谱系中，同样给了非正统派一席之地。刘茂华紧扣清代学术思潮演变，精选各个领域的代表人物，挖掘湘学在考证学、理学、文学、政治等方面的成就，所言不局限于"学"，而囊括术、治等方面，为的是显示湘学与中国民族史、政治史、学术史的密切关系。而钱基博在选择湘学知识谱系成员时，"人不拘于一格，大者经文纬武，次则茹古含今，略其是非功罪之著，而彰劬学暗修之懿"①。作为外省人，钱基博述湘学重在捕捉、概括湘学的特色，以是否具有湘学特色作为筛选人物的标准。《近百年湖南学风》中所涉及的 7 组人物，不管是什么身份，均有"好学深思"的特色；不管涉及的是什么领域，均有"辅世长民"的志向。这就使钱基博评判湘学人物时颇异于李肖聃、刘茂华等人，诚所谓"略人之所详，扬人之所抑"是也。

与李肖聃、刘茂华等人相比，钱基博述湘学时最明显的不同就是有意"遗漏"了王先谦。在晚清湖南学者中，王先谦无论是学术成就还是学术声誉，都不亚于王闿运，而钱基博在论著中只述王闿运却不及王先谦。为此，钱基博在"余论"中做出解释。他承认，王先谦"督江苏学政，提倡古学，整饬士习，有贤声"，影响甚远，"流风余韵，令我低徊"，然而，"文章方、姚，经学惠、戴，头没头出于当日风气，不过导扬皖吴之学，而非湘之所以为学也"。王先谦的学问虽好，造诣虽深，但是取径皖吴汉学，充其量是对皖吴之学的继承与发展，而不能显示湘学特色。相比之下，"王闿运之人之学，老辈颇多绳弹，然有其独到以成湘学。益吾先生，博涉多通，不啻过之，而无独到"。钱基博还借评价无锡前人"不入格可以开宗"之言，为王闿运辩护。"王闿运文章不为桐城，今文经亦非当行，然能开风气以自名家。益吾先生，文章桐城，训诂休宁，无不内行入格，然不能名家。"② 王先谦是一贤学政，可入江苏通志名宦传，却不必充当近百年湖南学风的代表人物。

---

① 钱基博：《近百年湖南学风》，中国人民大学出版社，2004，第 7 页。
② 钱基博：《近百年湖南学风》，中国人民大学出版社，2004，第 113 页。

这里，不仅涉及谁人可以代表湘学，更涉及究竟什么是湘学的界定问题。钱基博提出了"湘之所以为学"的命题。钱基博认为，"湘之所以为学"，就在于它的风气自创，别于中原以自立，而不是对中原文化的吸纳与传播。作为外省人，钱基博首先关注到湘学的独特性，将能代表湘学特色的人物纳入湘学知识谱系之中，而将不能代表湘学特色的人物摈弃于外。这种做法自有其合理性；但对湘学的叙述而言，这至少是不完整的，遮蔽了晚清以来湘学与其他地域学术文化交流互动的事实。

在"略人之所详"之外，钱基博还以其独到的眼光挖掘了一批"无乡曲之誉"却具备湘学精神、代表湘学特色的人物。学术史上的显晦殊异现象是钱基博、李肖聃等人再三致意的。李肖聃曾经提出一个命题："文章光气，显晦殊时，传否亦有命焉，盖难得而具论。"① 为那些见重于当时，却在后世湮没不彰的人物如张栻、王文清等人感到惋惜，并在论著进行挖掘与表彰。钱基博同样关注人物的"显晦"，不过不是着眼于"传"与"不传"，而是"略其是非功罪之著，而彰劬学暗修之懿"②。故而一些为湘人所忽视的人物如汤鹏、阎镇珩、罗正钧等都在《近百年湖南学风》中占据一席之地，成为近代湘学知识谱系中的一员。他表彰汤鹏文章经国、志气拔俗，阎镇珩暗然潜修、不骛声气；表彰罗正钧宏识孤怀，推广师范教育，树北学之规模，使诸人的价值重新被人们认识。至于对一些人物的具体评价，钱基博也显示出与众不同的眼光，如表彰罗泽南师徒讲论濂洛关闽之学，以醇儒笃躬行，以书生当大任，声教遗言，皆经事综物，公诚之心，尤足以匡世拂俗，有补于当世；并谓"无泽南，无湘军"，没有罗泽南，就没有以理学武装起来的湘军。这样的创获不胜枚举。

（三）适应时代需要的湘学新形象

"诵说先贤，而不为先贤，为今人"，是钱基博写作《近百年湖南学风》的出发点，也即树立师范，以矫时弊。针对"士风已偷，师道不立"的现实，钱基博在述说湘学时，没有涉及具体的论学领域，也没有涉及具体的事功追求，而是侧重于湘人个性与精神品质，凸显"独立自由之思想，坚

① 李肖聃：《湘学略》，载《李肖聃集》，第 45 页。
② 钱基博：《近百年湖南学风》，中国人民大学出版社，2004，第 7 页。

强不磨之志节"的湘学特质，从而塑造出适应时代需要的湘学新形象。

湘学具有独立性的观点并不是钱基博的发明。晚清以来，随着西学东渐、中国文化正面价值的削减，国内各地域文化的传统地位与意义也发生了改变。晚清江苏留日学生曾经指出，江苏作为中原人士逃难星聚之地，是中国文献之都汇、中国文明的制造场，同时也是中国文明不适合于天演之弊害的制造场①。浙江留日学生也指出，浙江本为文明的中心点，而在弱肉强食的国际竞争中，这种文明已流为"文弱"②。相比之下，僻在山荒之亚的湖南则因其文化受中原影响较小而受到称赞，或被誉为崖岸自立，或被誉为具有新机。钱基博有关湘学"风气自创，能别于中原人物以独立"的论述可谓是对这些观点的继承，同时将湘学特色进一步扩展到"独立自由之思想，坚强不磨之志节"。在民族危机的关头，这些品质具有立懦廉顽的正面价值。

钱基博所表彰的 7 组人物，遭际各异，显晦殊时，甚至每组人物也有不同。但钱基博在不同的人物中寻找共性，从中概括出湘学的共性。汤鹏与魏源，同为道光年间文章经国、志气拔俗之士，其高文雄笔有声于士大夫间；而罗泽南、李续宾、王鑫等人则是笃行实践的湘中儒生，文采不艳，辞达而已；然而"声教遗言，皆经事综物，公诚之心，形于文墨"。表现虽异，宗旨相同。罗泽南披坚执锐以挡太平军，身经百战，却未享成功；而胡林翼、曾国藩、左宗棠则身兼将相、爵至通侯，两组人物"显晦不同，劳逸亦殊"，然而在"困心横虑，裕以问学，以忧患动心忍性，而不以忧患丧气堕志"上是一样的。与胡林翼、曾国藩、左宗棠等功成名显的人相比，刘蓉、郭嵩焘"方振即蹶"，遭际迥异，但均能"不懈所学"。比起这些湘军名将领，王闿运与阎镇珩则是纯粹的读书人，并没有惊天动地的大功绩，"遭际不同，出处攸异"。然而，王、阎等人一样有好学深思、辅世长民的志向与旨趣。王闿运与阎镇珩之间也有极大的差异，一者为名满天下、谤亦随之的闻人，一者为无乡曲之誉、暗然潜修的老儒。而在钱基博眼里，他们都是湘学"通经致用，志在匡俗"的代表。邹代钧、罗正钧"浮沉仕宦"，与王闿运、阎镇珩"肥遁邱园"、优游林下又不相同，但又殊途同归。

---

① 《江苏》发刊词，《江苏》1903 年第 1 期。
② 公猛：《浙江文明之概观》，《浙江潮》第一期，光绪癸卯正月。

在谭嗣同、蔡锷、章士钊三个毁誉迥异的人身上，钱基博看到的是立身自有本末、不徇一世之风的精神。

湘学特色除体现在诸人不同之中的相同之外，还体现在对学术文化的创新上面，诚所谓"湛深古学而不为古学所囿"。例如，"自来言宋儒程朱之学者，无不拘谨，而罗泽南发之以大勇；为桐城方姚之文者，多失缓懦，而国藩矫之以神奇。然则湖南人之所以为湖南，而异军突起以适风土者，一言以蔽之曰强有力而已"。① 经过湘人改造的程朱之学、桐城文章，焕发出新机。而这种"强有力"正是时代所呼唤的品格。

清季以来革命排满思潮兴起，曾使湘军形象由道德楷模而一变为民族的罪人。而在钱基博看来，各人所处的具体时代背景不同，所成就的事业也不同，世异时移，功罪难有定见，但其为学精神具有超越时代的价值。他说："吾中国而有若胡文忠、曾文正、左文襄诸公，宁学圣贤而未至，不可违道以干誉，宁以一夫之不被泽为己疾，不以宠利居成功，鞠躬尽瘁，死而后已。可以仪刑于百世，岂徒一方之豪杰也！"② 胡林翼、曾国藩、左宗棠等人以忧患动心忍性，而不以忧患丧气堕志，对于"以忧患幸生丧志"的"时贤"是一剂良药。而罗泽南师徒穷年汲汲，讲论濂洛关闽之学，最后"杀敌致果，卓有树立"，为处于抗战时期的国师生徒树立了榜样。钱基博号召国人"恢张学风，绳此微美"，树规模，开风气，以无愧于前贤，以有利于国家。

此外尚有更多深文奥义，就不一一列举。

综上所述，抗日战争的时代背景与外省人的独特眼光相结合，促使钱基博独具慧眼，致力于对湖南先贤精神的颂扬。一方面，明耻教战，师范攸赖。作为国立师范学院的教授，钱基博注重在教育活动中开发乡土课程资源，以湖南先贤的志节文章鼓励学生，立懦廉顽；另一方面，在与湘籍学者的交往讨论中，他也加深了对湖南先贤的认识。在此基础上，钱基博撰写了一代名著《近百年湖南学风》，从不同的人物、不同的活动中提炼出湘学的最大公约数，即"独立自由之思想，坚强不磨之志节"，塑造出廉顽立懦、激励国人赢得抗日战争胜利的湘学新形象。

① 钱基博：《近百年湖南学风》，中国人民大学出版社，2004，第39页。
② 钱基博：《近百年湖南学风》，中国人民大学出版社，2004，第114页。

【湘学人物】

陶澍与地方志

黄俊军[*]

摘　要： 陶澍既是朝廷重臣，又是渊博学者。他既大力倡导地方志工作，也有修志实践。陶澍十分重视地方志事业，还有一套完整的修志理论，从志书的起源、性质、功能、内容、修志的具体方法，以及修志人员的素质要求，他都有明确的主张，说明他精通方志学，并且在地方志领域做出了一定的贡献。

关键词： 陶澍　修志实践　方志理论

陶澍，字子霖，号云汀，晚年又号桃花渔者，湖南省安化县人。生于乾隆四十四年（1779），卒于道光十九年（1839），其一生恰好处于清朝由盛转衰的节骨眼上。他为政近四十年，官至两江总督，治水救灾，整顿漕务，创办海运，改革盐政，肃清吏治，政绩斐然，是道光朝一代名臣和理财家，是中国近代社会改革之先驱。然而其学术文章，研究者甚少，著名学者张舜徽先生曾说：“后之论者，不复重其学与文，乃为名位所掩耳！”[①]其实，他“考论名物，辨析学术，每能详其本末，道其利害”[②]。他学识渊博，在经史考据、文章诗赋，乃至算术、音韵之学，无所不通，并且在忙于政务同时，著有《靖节先生集注》十卷、《靖节先生年谱考异》二卷、《陶桓公年谱》四卷、《印心石屋文钞》三十五卷、《印心石屋诗钞》十卷、《江苏水利图说》二十一卷、《江苏水利全书图说》十二册、《海运图说》一卷等学术著作。一部《陶文毅公全集》六十四卷，由许乔林校订，道光二十年（1840）即陶澍逝世的第二年由淮北士民公刊。这部《陶文毅公全

*　黄俊军，湖南省地方志编纂院副院长、副编审。

① 张舜徽：《清人文集别录》卷十三，华中师范大学出版社，2004。
② 张舜徽：《清人文集别录》卷十三，华中师范大学出版社，2004。

集》，只是按照奏疏、文集、诗歌分类的选本，不是名副其实的全集。岳麓书社 1998 年出版了《陶澍集》（上、下册），上册是奏疏和日记，下册是诗歌。湖湘文库收录了《陶澍全集》，共八册，陈蒲清主编，岳麓书社在 2010 年出版，290 多万字，洋洋大观，由此可窥视其学识文采。他是一位地道的有成就的学问家。本文仅述其对于地方志的贡献。

一　陶澍的修志实践

在长期的官宦生涯中，陶澍重视地方志的工作，曾倡修《安徽通志》，参与编修《嘉庆一统志》《安化县志》《沅江县志》《洞庭湖志》等多种志书，为《安徽通志》《洞庭湖志》《怀宁县志》《宿州志》等多部志书写过序言。

（一）　亲自参加编写国志、省志和县志

嘉庆十年（1805），陶澍父亲去世，他在老家安化为父亲守孝的三年中，参与了湖南两部县志的编纂工作。一部是《安化县志》。陶澍的父亲陶必铨曾参与编纂湖南《安化县志》，嘉庆十年（1805），陶必铨逝世，《安化县志》还没有编完。为完成父亲遗愿，陶澍于丁忧还乡期间花费很大精力，完成了其父编纂《安化县志》的未竟事业，《安化县志》于嘉庆十六年（1811）刻本刊行。另一部是《沅江县志》。康熙二十六年（1687）编出首部《沅江县志》，十分简单，只有十卷，此志没有见到刻本，只有康熙抄本流传。百余年后，至嘉庆十二年（1807）春，沅江县令唐古特重启县志的续修，教谕骆礼撰、训导戴安礼等人负责编纂。在志书编写过程中，"请安化名士陶澍审阅、润色，终于成就了一部足以传世的地方名志"。[①] 全志三十卷，于清嘉庆十五年（1810）刻板印行。由于有陶澍的编写和审稿，《安化县志》和《沅江县志》在湖南方志史上颇有名气，从此陶澍与地方志事业结下了不解之缘。

嘉庆十四年（1809），陶澍在国史馆任纂修时，曾参与编修《嘉庆一统

①　陶澍、唐古特等修纂《（嘉庆）沅江县志》，湖湘文库甲编，岳麓书社，2012，前言第 2 页。

志》，"至统志，弟曾分在编辑"①。道光元年（1821），他擢升安徽布政使，到任即查看志书，发现安徽自康熙六年（1667）与江苏分省之后，一直没有编修省志，有关这一地域的原有志书还是雍正七年（1729）编修的《江南通志》，有关安徽之事当然"不能尽具"，何况时隔日久，"世历三纪，事日益增，未有掇拾"②。作为地方官，要了解全省的山川地理、风土民情、人物掌故、官师学校、钱粮财赋等基本情况都无从查阅，因此，他倡议编纂《安徽通志》。并且作为一省的高级行政长官，其倡议不只是停留在发指示、提要求上，还亲自参与修志工作。他既参与议定了《安徽通志》的义例条目，又为郡县志"手定体例"，为《安徽通志》的编修做好了必要的准备工作。虽然该通志还没有成书他便调任到江苏了，但是，他对《安徽通志》的首倡之功是不可埋没的。正因为有他打好的基础，这部通志只用几年时间就如期按质完成。

（二）积极支持和参加《洞庭湖志》的编写

《洞庭湖志》（简称"湖志"）编纂经历了 3 个阶段。道光五年（1825）刻本卷首署名为"安抚陶云汀先生督修，岳郡守沈筠堂先生总纂，候选训导綦世基原本，岳州教授夏大观补辑，六安州丞万年淳再订"。③ 最早由华容县拔贡綦世基开始编修工作。后来《洞庭湖志》的再订者万年淳称他"一生精力，大约在洞庭一湖"④。经过綦世基的努力，最终编成一部《洞庭湖志》。綦世基去世后，稿本托付门生万图南，万作了一些诗词内容的增补，但工作基本停顿。

乾隆五十八年（1793），岳州知府沈廷瑛（筠堂）倡修《洞庭湖志》，发出《征修洞庭湖志启》。这是第一份由政府主官发出的修志文告，也是从乾隆十五年（1750）启动编修湖志以来第一份尚能见到的《洞庭湖志》编修文规，弥足珍贵。这位沈姓知府两年后转任长沙知府，在湖区工作了多

---

① 陶澍：《覆黄花耘孝廉书》，载《陶澍全集》第六册，湖湘文库甲编，岳麓书社，2010，第404 页。
② 陶澍：《安徽通志序》，载《陶澍全集》第六册，湖湘文库甲编，岳麓书社，2010，第70页。
③ 陶澍、万年淳等修纂《洞庭湖志》，湖湘文库甲编，岳麓书社，2009，前言第 2 页。
④ 陶澍、万年淳等修纂《洞庭湖志》卷十，湖湘文库甲编，岳麓书社，2009，第 313 页。

年。沈知府将任务交给府学教授夏大观，夏在得到綦世基稿本后，对原文进行增辑，扩大为 6 卷，内容更为丰富。但不久夏去世，修志工作再次停顿。

夏大观增补的稿本，由沈廷瑛呈送给在京御史安化人陶澍。陶在湖区生活和工作了多年，年轻时即留心实学，关注民生，对编修湖志一事十分重视。嘉庆二十年，陶将稿本交付门下士万年淳。万是万图南之侄，曾编修《巴陵县志》，于湖区史事较为熟悉，陶澍交代湖志订正"不须求急，但求尽善而已"。① 万年淳按照陶澍的要求，历时六年，在安徽省六安州丞的岗位上完成了对湖志的订正，定稿共 16 门：舆图、星野、沿革、水道、湖港、山洲、堤垸、赋税、物产、兵防、事纪、古迹、庙祠、游览、杂摭、艺文。定稿得到了陶澍的基本肯定，"订讹补缺，倍于前书，其用力勤矣"。② 道光元年（1821），陶澍完成对万年淳所呈定稿的审阅，增加皇言、舟筏两门，去沿革一门，其他内容也略做调整，并号召在皖省湘籍官员集资出版。至道光五年（1825），历史上第一部《洞庭湖志》在安徽省刊印问世。

编修湖志，可传为佳话者有二。一、全志历时 70 余年，先后 3 次编修，承先启后，生生不息。其中綦世基与万图南、万年淳叔侄是师生关系，陶澍与万年淳既是师生关系，又是上下级关系。且綦世基、万图南、夏大观 3 人均是想竟其事而"未及成而卒"，令后人感叹。二、《洞庭湖志》编修始于长沙，继之于岳州，又京师、安庆、六安州，辗转几千里，"为南楚书，不成于南楚而成于江南"，万年淳曾发感慨"岂有其时复有其地乎！"。相信后人也可从中感知地方志作为中国传统文化的一个载体，其生命力的顽强和伟大。③

二　陶澍的地方志理论

陶澍不仅有修志的实践，而且对志书和修志理论都有自己的见解。他对于地方志理论的主要贡献如下。

① 陶澍、万年淳等修纂《洞庭湖志》，万年淳序，湖湘文库甲编，岳麓书社，2009，第 4 页。
② 陶澍、万年淳等修纂《洞庭湖志》，湖湘文库甲编，岳麓书社，2009，第 2 页。
③ 李跃龙：《解读道光〈洞庭湖志〉》，《文献与人物》2014 年创刊号。

（一）关于地方志起源和性质

关于地方志的起源和性质是方志学理论的基本问题。对这两个问题的探讨，地方志界历来众说纷纭，莫衷一是。关于地方志的起源，据有学者统计，至少有十多种说法，主要有方志起源于《周官》说，方志起源于《山海经》说，方志起源于《禹贡》说，方志起源于《越绝书》《吴越春秋》《华阳国志》说，方志起源于古史说，方志多源说等。① 在方志的起源问题上，陶澍的认识与清代方志学家章学诚的看法大体相近，认为《周官》中所说的职方、土训和诵训及外史所掌的"四方之志"，是中国地方志的源头。陶澍认为："《周官》小史掌邦国之志，外史掌四方之志。盖即后世郡县志所由昉矣。"② 他还进一步说明："古者小史掌邦国之志，外史掌四方之志，而土训、诵训皆得以地图、地事、地俗入告。"③ 明确提出"邦国之志"和"四方之志"都是方志的源头。陶澍对方志起源问题的认识较之章学诚等人又有了新的见解。

关于地方志的性质，大致有两种基本说法。一说方志为地理书，属于地理学科的范畴，这是封建社会的传统观点。从梁阮孝绪的《七录》开始，中经《隋书·经籍志》，到清代《四库全书总目》，历代图书目录学都将方志列入地理书类。到了清代，这一主张经过戴震等著名学者的发挥，影响更为巨大。一说方志为历史书，属于历史学范畴。这一观点可以追溯到东汉郑玄发表的"方志若国史"的看法，宋人郑兴裔认为"郡之有志，犹国之有史"，到明、清两朝，更有不少学者和志书编修者把地方志视为"郡史"，其中以清代方志学家章学诚阐述尤详，明确提出"方志乃一方之全史"，这一观点在当时影响很大，此后沿用此说者日众。陶澍关于方志性质与章学诚观点大体一致，有一定的继承性。陶澍认为"古者，列国无不有史，史所记录，总谓之'志'"④，"'志'者，史之一体"⑤，一统志是国史，

① 中国地方志指导小组办公室编《当代志书编纂教程》，方志出版社，2010，第 1~10 页。
② 陶澍：《怀宁县志序》，载《陶澍全集》第六册，湖湘文库甲编，岳麓书社，2010，第 72 页。
③ 陶澍：《创修〈安徽省志〉折子》，载《陶澍集》上册，岳麓书社，1998，第 347 页。
④ 陶澍：《怀宁县志序》，载《陶澍全集》第六册，湖湘文库甲编，岳麓书社，2010，第 72 页。
⑤ 陶澍：《益阳胡氏族谱序》，载《陶澍全集》第六册，湖湘文库甲编，岳麓书社，2010，第 135 页。

省志、郡县志是地方史。但是，他认为志虽为史体，在具体取材上又与史有别，"史善恶并书，志者录其善者"①，他的这一观点在今天看来虽然失之偏颇，今天新编修的地方志既要把成绩说够写透，又要记载失误教训，即善恶并书，但是，他的看法是对封建时代编修的志书所记载内容的高度理论概括，即志书是"歌功颂德"之作。

（二）关于地方志功能

中国传统观点认为地方志有"存史、资治、教化"三大功能，可能是由于陶澍从政的原因——作为清政府的地方行政长官，他更看重"资政"的功能。他平生最"留心文献"②，每办一事，必弄清历史沿革，作为决策参考依据。他认为地方志是为官一任的地方官治理地方所依据的重要文献资料，其理由是"一方之掌故，即一方之人心，风俗所系，经纬布置，借资考镜，固非徒以备册府之守已也"③，编修地方志的主要目的是为了"资治"——要读志用志，不仅仅是为了"存史"而修志——放在档案室备查。他认为作为地方官，"将举一方之利病而兴剔之，其山川、风土、人物、官师、学校、财赋各大端，皆不可不周知其故"④，因此地方官员必须重视地方志的编纂，通过地方志了解一个地方的"地事地俗"，从而有针对性地管理地方。陶澍也重视地方志的"教化"作用。他强调"臣思致治固宜于因地，设教尤重于观民"⑤，同时他在《宿州志序》中引用自己曾经所写的诗："因知政教能移俗，且喜田功已命馆"⑥，明确指出志书有"化民成俗"的"教化"作用。他强调"文献阙如，既非体国经野之宜，尤乏训俗型方之要"，"安徽夙称文物之区，涵濡德化，不特名臣、循吏、儒林、文苑、志行多有其人，即岩乡僻壤，孝子、顺孙、贞女、节妇、例邀旌典者，亦复

① 陶澍：《覆翁凤西方伯书》，载《陶澍全集》第六册，湖湘文库甲编，岳麓书社，2010，第403页。
② 蔡冠洛：《清代七百名人传》第一编《陶澍传》，北京图书馆出版社，2008。
③ 陶澍：《创修〈安徽省志〉折子》，载《陶澍集》上册，岳麓书社，1998，第347页。
④ 陶澍：《安徽通志序》，载《陶澍全集》第六册，湖湘文库甲编，岳麓书社，2010，第70页。
⑤ 陶澍：《创修〈安徽省志〉折子》，载《陶澍集》上册，岳麓书社，1998，第347页。
⑥ 陶澍：《宿州志序》，载《陶澍全集》第六册，湖湘文库甲编，岳麓书社，2010，第81页。

比比皆是。顾听其岁久湮没，非所以广圣化而昭来许也"①，进一步说明地方志具有"训俗型方"和"广圣化而昭来许"的潜移默化的作用。通过地方志的编纂，能够宣扬封建社会的"三纲五常"等伦理道德，维护以儒家文化为核心的社会主流价值观，从而起到维护封建统治的作用。另外，陶澍也不否认方志具有存史的作用，虽然这方面的论述比较少。他在首倡编纂《安徽省志》时指出，鉴于前志年代久远，资料"未可听其散佚"，因此要"爰即酌定章程，督饬道府州县博加采访，妥筹经费，于省城设局纂修，勒限一年竣事，务俾吏治、民风、士习咸归荟萃，用备国家典章之采除"②。在这里他肯定了地方志的存史功能。

正是由于陶澍对地方志的作用、功能有全面和深刻的认识，并且大力提倡编修地方志，在中国地方志史上，创造了许多第一。《（道光）安徽通志》是安徽建省以来第一部省志③；《（道光）洞庭湖志》是洞庭湖的第一志④，第一次分门别类地记述了湖区的水道、湖泊、山峦、洲港、堤垸、赋税、兵防、风俗、物产、古迹、祠庙，第一次用编年体的方式记述了湖区的机祥、藩封、兵战，第一次以"捃摭"的形式记载洞庭湖众多的古史、神话、传说和风土人情、掌故、遗闻逸事，第一次最为完备地收录了洞庭湖的历代诗文，这是一部拓荒性的著作，可以看成 18 世纪末以前中国社会政界、知识界认识、研究洞庭湖的整体成果，具有承先启后的意义，十分值得重视。⑤

（三）关于地方志内容

地方志写什么？这是陶澍十分关心的重要话题。他提出了志书内容的取材原则主要有三条：一则强调志书内容要歌功颂德，他提出史志有别，

---

① 陶澍：《创修〈安徽省志〉折子》，载《陶澍集》上册，岳麓书社，1998，第 347 页。
② 陶澍：《创修〈安徽省志〉折子》，载《陶澍集》上册，岳麓书社，1998，第 347 页。
③ 陶澍：《创修〈安徽省志〉折子》，"以为安徽自分省以来，未有志书，即上、下江合修之志（指《江南通志》——编者）"，载《陶澍集》上册，岳麓书社，1998，第 347 页。
④ 宋以前，有一种《洞庭记》，其书早佚，只在宋人乐史的《太平寰宇记》有一条引文，内容却是"志怪"。元、明两代有诗集亦无史志。
⑤ 李跃龙：《解读道光〈洞庭湖志〉》，《文献与人物》2014 年创刊号。

"史善恶并书，志者录其善者"①；二则主张取材要严而精，他认为"与其取之宽而或失之滥，毋宁取之严，而其后犹可增"②；三则主张应该文献资料与口碑资料并重，编修志书"盖续纂近事与往事不同，往事必征诸前人之记载，近事必参诸舆人之采访，据舆论而纂入省志，即他日统志与史稿之凭据也"③。

他十分强调地方志的实用性和突出志书的地方特点。传统地方志都是"重人文轻经济"，陶澍作为清政府的封疆大吏，从治理社会的角度出发，比较重视经济方面内容的记载。在方志内容取材上，他更重视事关国家兴衰的事项，提出编纂省志的取材原则，所谓"若田赋、水利、学校、兵制等项，尤关重大"④。他参与的《（嘉庆）沅江县志》突出了湖区县的特点，篇目设置上就十分醒目，卷五"山川志"有水门，记载沅水、资水、湘水和芷水，下面设附录分别记载"湖、河、口、港、滩、场、泉"等；卷十"水利志"列有"堤垸和塘坝"两门；卷十五"塘汛志"。⑤《（道光）洞庭湖志》编修者又提出了编纂湖泊志的一些原则，如《凡例》中提到少铺张胜景，详写湖区水利等原则，"此志与他山川志不同，盖他志不过铺张胜景，供游览吟咏；……兹则地险为滇黔楚蜀之咽喉，水利资长岳澧常之蓄浚，关系甚巨，载笔尤宜详慎。……是编于山川、水道、堤垸、战守、兵防、税课诸门，悉力搜辑"，⑥ 这些看法和主张应该是湖志后期编修人员在总结旧志人文山水志和湖志前期编修的成败得失后，根据当时现实考量做出的编纂指导思想上的调整，是符合时代发展要求的，也是现实实际需要，是提高志书使用价值的一种探索。例如湖志的"堤垸篇"按县分记，记有巴陵、华容、安乡、石首、武陵、龙阳、沅江、益阳、湘阴9县的堤（垸、围、障、托）近200处。湖区开发以筑堤挡水、化湖成田为主，也是江南

① 陶澍：《覆翁凤西方伯书》，载《陶澍全集》第六册，湖湘文库甲编，岳麓书社，2010，第403页。

② 陶澍：《覆翁凤西方伯书》，载《陶澍全集》第六册，湖湘文库甲编，岳麓书社，2010，第403页。

③ 陶澍：《覆黄花耘孝廉书》，载《陶澍全集》第六册，湖湘文库甲编，岳麓书社，2010，第404页。

④ 陶澍：《创修〈安徽省志〉折子》，载《陶澍集》上册，岳麓书社，1998，第347页。

⑤ 陶澍、唐古特等修纂《（嘉庆）沅江县志》，湖湘文库甲编，岳麓书社，2012，目录。

⑥ 陶澍、万年淳等修纂《洞庭湖志》，湖湘文库甲编，岳麓书社，2009，第1页。

水乡开发的一种模式。保持水的自然状态与向水面索取更多的生活物资是一对矛盾。《洞庭湖志》编修者看到了这个问题，在"堤垸篇"的篇前小序写道："善治水者不与水争地，固已然，如洞庭诸湖濒之平旷衍沃，使概委而弃之，则膏腴之壤胥为蜃蛤之乡，良可惜也。圣主轸念黔黎，大沛膏泽，于各邑民堤外，动支帑项更建官堤，每岁饬令有司督民以时修筑，俾垂久远，盖保障之利溥矣。"① 这不是书生议论，可以看到陶澍、万年淳等人思考问题的角度，是政府官员考虑问题的角度。编者录入的堤垸按"其高厚、广袤之数"排列，则是现代治湖中重点堤垸和一般堤垸概念的滥觞。

湖志"皇言篇"的设置也能综合反映上述主张，该篇有清代康熙十八年七月二十日及雍正三年四月二十二日的"祭洞庭湖神"文。雍正九年、十二年有关修建舵杆洲的上谕，乾隆十二年、二十八年及嘉庆六年、七年有关湖区筑堤及严禁私挽的上谕及湖南巡抚奏折。有趣的是，在此门设置上万年淳与陶澍产生了分歧。万认为，以"皇言"为第一，但内容太少，祭文可收入庙祠，修舵杆洲石台和堤垸上谕可收入堤垸门，其他内容可入赋税门，不主张单列在志首，而应分散在相关篇章记载。② 陶澍在定稿时否定了万的意见，主要原因有二：一方面可能出于政治上的考虑，以皇言来宣示朝廷对湖区民生的重视，以显示皇恩浩荡；另一方面可能出于治理湖泊的现实需要，当时湖滨已堤垸如鳞，已有与水争地之势，湖面愈狭，漫溢冲决为患甚巨，作为安徽巡抚的陶澍也正为治淮治运大伤脑筋，他看到邸报上两湖地方官员与康熙、雍正、乾隆和嘉庆几位皇帝上的折子和朱批，其分量显然与其他门类不可比拟。这相当于今天年鉴的"特载"，主要是为了强调其重要性。

他提出"志以传信"③ 的主张，强调志书内容的真实性和权威性，对于入志资料一定要鉴别和考订，以免讹误。对于前人地方志中记载有误的，应该加以订正。对前人敷衍塞责的修志态度，他的批评十分严厉。清代乾隆年间陈宏谋主修的《湖南通志》是湖南建省以来首部省志，由于修纂时间仓促，存在一些"硬伤"，如误将甘肃安化人李祯作为湖南安化人而收入等等。陶澍旁征博引，对《湖南通志》中的多处错误遗漏加以纠正和增补。

---

① 陶澍、万年淳等修纂《洞庭湖志》，湖湘文库甲编，岳麓书社，2009，第 82 页。
② 陶澍、万年淳等修纂《洞庭湖志》，湖湘文库甲编，岳麓书社，2009，第 315 页。
③ 陶澍：《覆翁凤西方伯书》，载《陶澍全集》第六册，湖湘文库甲编，岳麓书社，2010，第 403 页。

各缺漏处都一一考之于文献，写信告之续修者予以订正，同时，严肃批评道："又何必如此迁就，相借以为重耶！"① 陶澍的《洞庭湖志·序言》就是一篇考证文章，着重论证洞庭即九江一说，并十分简明地略述纂修原委。又如，湖志《凡例》所言："《洞庭湖志》皆取材于各府州县……湖志仍如州县志体裁者，抑亦不失文献之旧，使后之考实者有所据云。"同时对于不可信或者有几种不同说法的资料用"按"的形式提出编者考证的资料来源。② 他为洞庭湖区的府州县志订正了不少错误，坚持有错必纠。如君山的轩辕台，府志、县志多记载为黄帝铸鼎的真迹，湖志的"古迹篇"援引《庄子》和司马迁《史记》做出了否定。③ 陶澍等人的《（嘉庆）沅江县志》"不仅从内容上补充了前志的不足，且广收其他史籍，考证纠正了前志的一些疏误"。④

陶澍重视民间口碑资料入志。他认为"盖续纂近事与往事不同，往事必征诸前人之记载，近事必参诸舆人之采访，据舆论而纂入省志"⑤。地方志记事，历史和现状的资料都要有收集，而许多现状资料需要以口碑补其不足。当然，口碑资料真伪难辨，见仁见智。这要求志书编纂者考订其真实性，然后有所选择地采用，陶澍提出了口碑资料入志的原则："大约众口俱同，即可秉公载入，亦不必尽以见诸简策者为凭据。"⑥ 这个原则是可行的。《（道光）洞庭湖志》许多篇章采用口碑资料。如湖志"水道篇"，在记述湘、资、沅、澧四水及其主要支流和几处独立入湖水道时，采用了口碑资料，如篇首小序称："爰考《水经》，参以咨访。"⑦ 又如湖志特设立"捃摭篇"，分摭地（12 条）、摭人（16 条）、摭事（16 条）、摭神（74 条）、摭仙（12 条）、摭释（8 条）、摭物（21 条）、摭诗（11 条）及补遗。

① 陶澍：《覆翁凤西方伯书》，载《陶澍全集》第六册，湖湘文库甲编，岳麓书社，2010，第403 页。

② 陶澍、万年淳等修纂《洞庭湖志》，湖湘文库甲编，岳麓书社，2009，第 1～2 页。

③ 陶澍、万年淳等修纂《洞庭湖志》，湖湘文库甲编，岳麓书社，2009，第 117～118 页。

④ 陶澍、唐古特等修纂《（嘉庆）沅江县志》，湖湘文库甲编，岳麓书社，2012，"前言"第2 页。

⑤ 陶澍：《覆黄花耘孝廉书》，载《陶澍全集》第六册，湖湘文库甲编，岳麓书社，2010，第404 页。

⑥ 陶澍：《覆黄花耘孝廉书》，载《陶澍全集》第六册，湖湘文库甲编，岳麓书社，2010，第404 页。

⑦ 陶澍、万年淳等修纂《洞庭湖志》，湖湘文库甲编，岳麓书社，2009，第 61 页。

这一篇的许多内容就采用了口碑资料，内容取材十分广泛，涉及神祇和社会百态，以"捃摭"的形式记载洞庭湖众多的古史、神话、传说和风土人情、掌故、遗闻逸事。① "捃摭篇"是研究湖区民间社会生活弥足珍贵的资料，这一内容是道光湖志作为人文山水志最核心的部分。由于前代有关沅江县的史料稀少，陶澍参与编写的《（嘉庆）沅江县志》也采用了许多口碑资料，来补充文献资料的不足，正如该志"凡例"所言"兹于科房查取，逐条逐款，补载无遗；科房内无存者，寻讨乡市册籍，面访老者，影响疑似，无敢混入"，使得该志的许多记载均为第一手资料，这也是该志的特色之一。②

（四）关于修志组织工作

志书的编写，首先是要选好编者。陶澍对修志人员的素质要求高。他提出编纂地方志者必为"贯串古今，有史氏之三长者"的主张，即修志之长应具备史家的"德、才、识"。他认为若非如此，则所修志书"亦不能犁然而有当"③。应该说这确实是方家之明论，凡是质量上乘的志书都出自著名学者之手。

为了修好《安徽通志》，在编纂程序上他要求先修郡县志，然后在此基础上再总纂省志。他认为这样做的理由是"取郡县志而荟萃之，则有省志，取省志而荟萃之，则有一统志"，因此，他倡议"郡县志之修，尤宜先也"④。他强调一统志、省志、郡县志三级志书编写的系统性，这套方法在今天还有借鉴意义。

综上所述，陶澍十分重视地方志事业，并有一套完整的修志理论，从志书的起源、性质、功能、内容、修志的具体方法，以及修志人员的素质要求方面，都有明确的主张，说明他精通方志学，并且在地方志领域做出了一定的贡献。这些都是我们方志学史上宝贵的精神财富和历史遗产，值得我们好好总结，永远铭记！

① 陶澍、万年淳等修纂《洞庭湖志》，湖湘文库甲编，岳麓书社，2009，第 195～236 页。
② 陶澍、唐占特等修纂《（嘉庆）沅江县志》，湖湘文库甲编，岳麓书社，2011，第 13 页。
③ 陶澍：《怀宁县志序》，载《陶澍全集》第六册，湖湘文库甲编，岳麓书社，2010，第 72 页。
④ 陶澍：《怀宁县志序》，载《陶澍全集》第六册，湖湘文库甲编，岳麓书社，2010，第 72 页。

善化贺氏与道州何氏姻亲关系考

罗 宏[*]

摘 要：道州东门何氏至清代，以族中出了探花何凌汉以及四个以书画闻名的杰出儿子何绍基、何绍业、何绍祺、何绍京，崛起为湖湘著名的文化艺术世家，此后何家代有才子，持续光耀门楣。善化贺长龄、贺熙龄与道州何凌汉、何绍基父子都有很深交往。本文依据诗文、族谱等史料对两家的交往与姻缘关系做了详细的考证。

关键词：善化贺氏 道州何氏 文化世家 湘学

善化贺氏与道州何凌汉家族的世交亲密关系已经有足够的史料证实，但几乎没有学人关注。倘如探究，会有许多有趣的发现，甚至还有值得破解的历史谜团，这不仅关乎两个家族的交情，还关乎着湖湘社会的世情。

史料记载，道州东门何氏是南宋时期由山东迁至道州的，至清代，以族中出了探花何凌汉以及他的四个以书画闻名的杰出儿子何绍基、何绍业、何绍祺、何绍京，崛起为湖湘著名的文化艺术世家，此后何家代有才子，如何维朴、何维栋、何维棣等等，持续光耀何家门楣。

何凌汉（1772—1840）字云门，号仙槎，是显赫家声的开创者。诸多史料强调他自幼家贫，"夜不能具灯，恒燃松枝"苦读，似乎他完全是一个普通的贫家子弟，其实往上追溯十二代，何家先祖都是秀才出身，就凭这个背景，何家即使贫寒也带着厚实的书香底蕴，不同于一般的贫寒农家子弟。史料说，何凌汉16岁获得了秀才功名，便在乡间授徒教书，同时也继续科考之路。嘉庆六年（1801）他取得拔贡生身份，这是何家显要的起点，这年何凌汉29岁。

选拔何凌汉的湖南学政就是钱南园（钱沣）。因此何凌汉终身感激钱南

---

* 罗宏，广州大学人文学院教授。

园，视钱为恩师。钱南园也是清代著名的书画大家，正好何凌汉也以书法名世，后来他考取探花，就是因为一流的书法博得嘉庆青睐，将他由进士第四名拔为第三名，成为探花。钱南园将何凌汉拔为贡生，是不是也看中了何凌汉的书法，不得而知，从人之常情看应该有这个因素。还有一种没有确证的说法，何凌汉入选贡生与岳麓书院山长罗典有关。因为钱南园曾在朝中与罗典共事，罗典又是钱南园老师周以礼的同年和密友，钱南园便对罗典执以弟子礼，后来钱南园又与罗典的族孙罗修源共事且为密友，更加敬重罗典，来湖南当学政后，选拔人才的大事往往都要与罗典商量。于是就有说法，钱南园选拔何凌汉时征求了罗典的意见，不排除还带何凌汉拜见了罗典，这样一来，罗典也和何凌汉有了松散的师生关系。如罗典的族孙，民国湖南知名学者罗正纬就认为何凌汉是罗典的弟子之一。不过这种说法没有史料证实，只能说是猜测。有趣的是，何凌汉的长子何绍基有一首诗《钱南园先生为罗慎斋先生画马题后，为研生舍人作》，也涉及钱南园、罗典与何凌汉的关系：

> 钱公督学湘中时，罗公久为岳麓师。麓山从游所激赏，学使甄取无脱遗。两公科第隔廿年，词垣谏垣同职司。弹劾不避权与势，謇直有如规且随。先公昔补弟子员，钱公实有国士知。服习诲言比箴颂，护持遗墨如鼎彝。罗公说经骋私臆，坛坫乃为湘士推。先公未入岳麓社，颇为儿辈言其疵。（钱公寿罗公，谓能名教持。证之严陶丈人语，德望不因经术卑。乐园、云汀两先生皆以余不及见慎斋先生为憾。）

这首诗是何绍基的密友、罗典的族孙罗汝怀请何绍基为钱南园给罗典祝寿所画的奔马图题词而作。诗中显示了钱南园对何凌汉有恩师提携之情，还印证了钱南园与罗典的密切关系，且暗示，对于罗典欣赏的弟子，钱南园总是千方百计地选拔提携。诗中还明确指出，父亲何凌汉没有正式进入岳麓书院从游罗典，被儿子们认为是一种遗憾，还说，严如煜和陶澍都认为，何绍基没有见过罗典也是何绍基的遗憾。诸此种种都表明，何凌汉与罗典是没有正式弟子关系的，且被儿子们认为是一种遗憾。那么，钱南园对何凌汉的赏识与提携，是否征求了罗典的意见，因而又与罗典有着微妙的关系呢？何绍基没有提及，但我们相信，他应该是希望有这种可能性的。

嘉庆七年（1802）何凌汉朝考获得第一名，入选吏部小京官。这一年，另一位罗典弟子陶澍考中进士，与何凌汉同朝，两人也开始了亲密友谊。三年后的嘉庆十年（1805），33岁的何凌汉带职参加会试，考中进士一甲第三名，即探花。这年的状元则是罗典的弟子彭浚。又过了三年，嘉庆十三年（1808），又有三名罗典的弟子石承藻、贺长龄、郑世俊考中进士，入朝为官，其中石承藻也高中探花。该年何凌汉散馆一等，充顺天乡试同考官。要是有心做个统计，加上此前入朝的周系英、向曾贤、欧阳厚均、李象鹄、聂镐敏、聂铣敏、袁名曜等人，此后又有贺熙龄、唐鉴、郑敦允、胡达源、汤鹏等陆续入朝，一个以岳麓书院弟子为骨干的湖南少壮派官僚小群体初步形成，其中又以陶澍、何凌汉、贺长龄为核心，文酒之会成为他们联络感情的主要方式，贺长龄与何凌汉也就在文酒之会中结下了深厚的友谊。

贺长龄传世的诗作很少，其中有多首记载他与何凌汉及陶澍等人宴饮的诗作。摘录一首《何仙槎、陶云汀诸前辈招饮，赋此却谢》为证，可以见出这帮湖南少壮官僚的欢歌狂态。

> ……长安盛文宴，肠肚厌脾膜。投鱼漱芳津，饲马饫甘酪。厥品区圣贤，所受辨合龠。每当吟坛豪，动苦酒政虐。我腹终年撼，金樽时一钥。漉巾声欢呼，解衣意磅礴。说诗胆气粗，看剑目光曜。不辞情激昂，喜助兴挥霍。如投句践胶，沼吴伯图拓。如饮舞阳卮，安刘帝业铄。忽如七碗茶，两腋风声作。又如百合香，竟体芬馨著。知味曷敢夸，所得殊不恶。吾乡足贤达，招邀或歌咢。何郎拇战雄，陶令酒肠廓。树帜各晋秦，相持若仪错。而我厕其间，培塿企衡霍。铩翮宁同鸾，求伸转类蠖。但思军捣坚，不悟敌示弱。再鼓气先衰，未陈势且薄。业已授之瑕，能不面自缚。从此谢酒兵，不敢问欢伯……

这是贺长龄的一首戒酒诗，他反省自己狂喝滥饮耽误了修业正事，故而决心戒酒。是否真的戒了酒就不说了，从他描写的场景看，这帮湖南老乡确实闹得很疯，从交情角度说，可谓"铁哥们"。

何凌汉仕途40年，一路顺风顺水，历任顺天府尹、工部尚书、吏部尚书等要职，基本都是朝官，其间八掌文衡，都是短期出差。贺长龄仕途也是40年，道光元年（1821）外放南昌任知府，此后都是任地方主官，直至云贵总督。算起来，他和何凌汉在京城同僚有十余年之久。此外，在道光二年至道光六年，他又与何凌汉在山东有过共事经历。此期间何凌汉为山东学政，还把全家都接到了山东，贺长龄则是山东按察使、布政使及代理山东巡抚，可算何凌汉的上司。两人的友谊继续加深。后来贺长龄在给何绍基的诗中回忆了他与何家的故事（见《赠何子贞太史，即题其〈使黔草〉》：

> 昔我居京师，得与司农游。君时方妙年，清辉耿双眸。逮我官兖沂，司农乘使搐。视君锁院中，相助勤爬搜。乃弟接席坐，埙篪无唱酬。（专心校艺，竟日不交一语。）布衣犹囊时，高鉴悬清秋。中间诣深造，实事惟是求。形声与义理，金石穷雕锼。遂邀君相知，特达声光道。（廷对策为仪征相国所激赏。）元老笃爱士，护惜何其周。谓余往语君，动必以礼谋。君岂徇俗者，期无微玷留。（时君有世父丧，而词林故事，初到馆须通谒诸前辈，余适在京，故相国语次及之。）

此诗除了写贺长龄与何凌汉的交游，还重点写了与何绍基的交集。何绍基是何凌汉的长子，比贺长龄小 14 岁，贺长龄在京都时，何绍基还是弱冠少年，终日闭门苦读，"专心校艺，竟日不交一语"。造诣日进，也与贺长龄有了切磋交往，从两人的年龄和身份看，贺长龄应该对何绍基有所指教，虽未明说，但诗文中可以感受到暗示。这也表明，贺长龄与何凌汉父子都有很深交往。顺便说一句，不仅是贺长龄，贺熙龄也和何家父子有着密切之交。在贺熙龄留下的诗文中，就有《何仙槎凌汉大京兆过访，以苦热诗见示，次韵却赠》：

> 炎蒸六合逃无方，赤日勤民盖不张。却热有术胜以静，照人凛凛冰雪肠。兴来访我一握手，诵君新诗饮君酒。酒酣笔落风雨来，一霎清凉舞童叟。

后来，贺熙龄的孙女嫁给了何绍基之弟何绍祺的儿子何庆熙，贺何两家有了更进一步的姻亲关系。贺氏族谱中还有多段对贺何两家后人姻亲关系的记载，遗憾的是，由于史料散佚严重，我们只是在贺氏族谱中发现了这种姻亲关系的记载，而且与何家后人掌握的史料颇有出入，对此后文再细说。总之，从何凌汉与贺长龄开始，贺何两家有了密切交往，促进这种交往关系的时代背景，则是湖南官僚开始在朝中形成气候。细读史料可以发现，湖南世家之间密切的交往包括姻亲关系，是嘉道年间以后才成风气的，这可说是时代的成全。

道州何氏崛起于湖湘乃至晚清中国，最具代表性的人物不是何凌汉，而是其长子何绍基。学界普遍认为，何凌汉虽然官职显赫，也有大书家之名，但官业并不特别出色，书法造诣也逊色于其子何绍基——不如何绍基那么有开创性，从治学的成就而言，也不如何绍基，《湖湘学案》对何家学人只收入何绍基，也可见学界态度。

何绍基（1799—1873），字子贞，号东洲，别号东洲居士，晚号猿叟。他从18岁应乡试，奔波于京都与湖湘，一直考了十一届，到37岁才在湖南乡试中解元，次年中进士，授编修，任国史馆提调等职，三任乡试副考官，简放四川学政期间因得罪权贵遭弹劾免官，此后以教书终老，曾任济南烁源书院和长沙城南书院主讲。从科考仕途看，他的人生之路可谓曲折坎坷，远远不及其父何凌汉风光顺畅。可是要论文化地位则堪称一代大家。学界认为："他学识渊博，对古文、经史、诗学均有很深的造诣。嗜金石、善绘画，尤精书法，是清代碑学兴起之后集大成式的人物。"论诗文则是晚清宋诗派的代表人物之一。①

从何绍基传世的诗文看其人生，可以发现，道光二十四年（1844）他诗歌创作数量达141首之多，是其作诗最多的一年，从诗歌中流露的心境看，也是最为愉悦的一年。这年是甲辰年，他作为副考官与正考官万青藜一起赴贵州主持乡试，从北京进入湖南后，取道湘西入黔，一路遍游山水名胜，处处留诗题咏，可谓一笔宝贵的文化财富。如果今人能沿着何绍基的诗迹开辟一条何绍基湘黔游的文旅路线，应该别具一格。也就是这次使黔，何绍基又与贺长龄相遇，在贺何两家的关系史上留下了一段佳话。

据何绍基诗作记载，一入黔境玉屏，时任贵州巡抚的贺长龄就派部下恭候迎接，一路陪同万青藜、何绍基等使黔考官去贵阳，沿途又是游览山水名胜，至贵阳后，贺长龄又亲自作陪，带何绍基等游览观光，这种礼遇，

---

① 陈代湘主编《湖湘学案》（二），湖南人民出版社，2013，第870页。

应该是地方对乡试考官接待的惯例，可见当时对教育的重视，但不可否认，也有贺长龄对世侄的私情在内。

何绍基的诗题为《入黔省界，中丞丈遣吏来迎，意当有家书先至黔，却寄来此，乃不可得，作诗寄子愚弟》，该诗题透露很多信息，可知何绍基离京赴黔，曾嘱咐在京的家人写家书直接寄给贺长龄转交，这表明贺长龄与何家的关系相当密切。何绍基一路游山玩水来到贵州，他弟弟何绍京（子愚）写的家书果然已经抵达贺长龄手中，却不能交给何绍基阅读，这又是何故？原来朝廷有规定，考官受命主持乡试期间，不得与家人通信，估计是防止打招呼舞弊，所以何绍基知道家中有信来，却不能亲读。其诗文如下：

> 母言儿弟善承欢，儿念君恩强自宽。六十日同经岁别，七千里盼一书难。思亲泪滴溪流热，作客心吞月气寒。山馆灯花聊慰藉，连宵归梦话团圝。

行至贵阳，贺长龄才拿出了何绍基之弟绍京的家书，叫人展示给何绍基看，这算不算徇私违规不得而知，何绍基又作诗以记，诗题为《贺藕耕中丞丈得子愚弟六月廿八日书，有家中平安语，遣人持示。典试例不得通家书也，且慰且怅》，想必，贺长龄此举是通融的做法，这表明，贺长龄既有人情也有原则，其实，这也是对何绍基的保护，免得授人以柄。

甲辰年乡试是贵州文教史上的大事件。该年全省考生三千六百人（一说有五千考生）云集贵阳，逐鹿科场，揭榜时有四十人中举，为贵州历代中举数量之最，被称为清代贵州科举的高峰盛年，特别是贺长龄亲炙的贵山书院弟子，有许鸿儒高中解元，傅寿彤高中亚元，还有弟子何鼎、杨光照、丁世桢等十余人均金榜题名，约占中举数的一半。揭榜之日，作为监临的贺长龄也控制不住心情激动，居然失态地高呼："主司得人也！"这一年，是贺长龄主黔的第九年，也是最后一年，他九年的文教心血，大都投入到贵山书院的弟子身上，作为巡抚，他亲自担任主讲执教书院弟子，可谓呕心沥血，得此回报，怎不惊喜若狂？乡试后，他心潮起伏地写下了这样的诗句：

雪未飞檐席未单（寒余雪飞，单席在地，唐郭元英所叹，当时试事之苦也），万千广厦庇犹寒。喜闻正气开云易（主司以昌黎"须臾净扫出众山"句命题），转恐中秋见月难。婉娈半随宾国去，衰颓只合杖乡看（在黔九年，监临五次，向时童卯多已成名，而余亦遂老矣）。起衰幸有昌黎手，劝学频年意未阑（两主司皆欲以经策觇实学，与仆有同志）。

这次乡试有此佳绩，也与两位考官在学问追求上与贺长龄有着默契分不开。贺长龄在诗注中说："两主司皆欲以经策觇实学，与仆有同志。"不用说，贺长龄也对两位考官怀抱感激，他在给何绍基的诗中写道：

九年徒苦口，起衰怅无由，衰然巨牍出，诧睹篇章稠。（四书文经策共六十余篇，为黔中闱艺所未见。）天光倬河汉，王会骈共球。遂使枵腹果，无或鱼珠投。从此士气奋，不负皇华诹。余既借补过，君亦资绍裘（司农八掌文衡）。归谒亭林祠，传衣到黔陬（君于京城之西新葺顾亭林祠）。更抒夙昔学，以扬天子休。论交在纪群，意重语不偷。勖哉善自爱，元化无停辀。（见《赠何子贞太史，即题其使黔草》）

贺长龄认为，这次乡试佳绩，既是自己在黔九年苦心育人的欣慰回报，也是何绍基对其父八掌文衡名声的发扬光大。事实上，何绍基三次为乡试副考官，甲辰乡试也是他最得意的业绩，故也留诗以记，诗题为《闱墨刻成，合四书文及经策得六十余篇，炳朗可观。同人谓黔中从来所未有，喜成一律》：

玉尺楼头大月悬，奇光照彻夜郎天。秋风鹗立三千士，沧海蛟腾四十贤。

经术居然参许郑，才思时复到云渊。联珠叠璧欣传示，为破荒寒二百年。

何绍基这次使黔，贺长龄还专门带他游览龙场、扶风山等王阳明过化之地，凭吊理学大儒王阳明，交流研读阳明心学的心得。这应是贺长龄抚黔九年在学问方面的新收获。学界论说贺长龄，大都强调他对程朱道统的推崇和正传，而忽略他对阳明心学的研修，实际上，贺长龄已经打通了朱学和王学的隔膜，超越了门户之见，兼容于自己的实学思想体系之中。对于朱学和王学最见分歧的"知而后行"观与"知行合一"观，还有"格物致知"和"致良知"，即所谓客观唯心主义和主观唯心主义的差异问题，他并没有多少纠结，他更关注朱学与王学"救世苦衷"的一致性，更看重二者经世的实效。他认为朱学与王学的不同只是因人而异的方法论上的差异，从而各有千秋，任何各执一端的固执都不可取。对于王阳明，他称道有加：

> 伟哉阳明子，一炬开重昏。龙场忧患地，妙悟从天生。力铲榛莽秽，还我天君尊。一出殄逆濠，再出清峒氛。行之若无事，见者惊犹神。岂识方寸中，惟虚故能灵。良知有实用，何曾堕渺冥。后学犹异议，谓禅而儒名。末流诚不免，拯溺良独殷。废书以为学，佞口圣所惩。乃反为书愚，犹自予智矜。以此毒天下，曷繇返其淳。拔本而塞源，谁亮先生心？（见《题阳明先生像》）

可见，贺长龄不满的是王学末流，完全舍弃问学求索的苦功，一味纵容主观意志的狂野张扬，成为唯功利是图的不学妄徒，对于原教旨的阳明学，他还是充满敬重的。至于何绍基，他在理学领域并没有很高深的造诣，擅长的是乾嘉考据门径，偏于术路，但在贺长龄启发下，对于阳明心学也有了不小启悟。他写下了《中丞丈人见示阳明先生遗像，敬赋书后》一诗，诗中既表达了对王阳明的敬意，又对贺长龄在贵州对王阳明的播扬之功高度肯定：

> 丈人有道莅兹久，考礼修文涤顽垢。庋藏遗像扶风山，风教扶持意何厚！学术孰始开黔陬，许君弟子尹荆州。图书业成授乡里，千载坠绪悬悠悠。先生施教遥与继，礼乐须明典章制。黔士无徒仰止劳，欲悟良知先六艺。

何绍基还留下诗文说，他离开贵州时，贺长龄设宴为他们送行。这是贺长龄少有的举动，贺长龄为官不屑于拉扯迎奉，一贯节俭，极少宴请官僚，所以何绍基认为这是自己的殊荣，他又写诗答谢。诗题为《藕庚丈人赠诗，因得士之盛，奖许过情，次韵答谢，即以志别》，此诗描述了自己的学术经历，并对贺长龄有很高的评价，是研究何绍基与贺长龄交往的重要资料。全诗如下：

> 半生愧懵学，滥与黔轺游。署（暑）雨涩行踵，江山荡吟眸。一朝入锁院，万目瞻星辅。正鹄苟不立，负彼束矢搜。自惟拙朴性，力竭天斯酬。抱璞必蕴玉，勉耘期有秋。悬衡冀一得，仄席报所求。名材何磊砢，薄技殊雕镂。华敛实可举，骨重采亦遒。析理有濂洛，探根溯秦周。窥公教育久，实与性道谋。深根壅愈固，浮藻删无留。蛮荒秘奇秀，阳明始披收。昔同导河禹，今比吹律邹。侧闻三考绩，仕学有兼优。躬行矢一诚，坠举罔不修。饬吏警鹎獭，救灾驱龙虬。天人上下际，感应速置邮。兼励摅甲士，未雨资绸缪。岂徒抱经儒，冶铸逢胡欧。小子禀庭诰，派别知源流。经畤少灌溉，义辅供薪樏。如木不中理，颇亦强自揉。顾蒙匠石怜，不鄙条与蓲。计从撤棘来，意重语益稠。偏嗜有歌茝。扣响闻锽球。何期锦绣段，重以明珠投。谆勖善自爱，见奖能勤陬。……公乎颐养勤，益共民士休。成城志乃固，视荫语不偷。时事若峻坂，中逵有安辀。

从贺长龄和何绍基留下的诗文看，这次甲辰乡试，是他们彼此唱和最多的一次，也是交往最深入的一次，就贺何两家的友情记载看，也是史料留存最多的一次，这一年称为贺何两家友谊的高峰之年是不过分的。两年后，贺熙龄与贺长龄先后故世，何绍基又和罗汝怀一道，参与了贺长龄与贺熙龄的诗文整理，何绍基还执笔书写了贺寿龄、贺长龄、贺熙龄三兄弟的墓志铭。诸此种种都显示出贺何两家的世交厚谊。

据贺氏族谱记载，两家还有三代姻亲交集如下：

> 贺熙龄孙女、贺仲瑷次女适道州何庆熙，即何凌汉之孙，何绍祺之三子。
> 贺熙龄曾孙女、贺仲瑷孙女、贺师彬长女适道州何维栋，即何凌

汉曾孙、何绍业之孙、何庆澄之子。

　　贺熙龄曾孙、贺仲瑷孙、贺师凯次子贺家翼娶道州何庆治之女，即何凌汉曾孙女、何绍祺孙女。

　　贺桂龄曾孙女、贺仲缙孙女、贺师尹之三女适何维畲，即何凌汉曾孙、何绍业孙、何庆治二子。

　　贺桂龄曾孙、贺仲琳孙、贺师谦三子贺家模娶何庆熙女，即何凌汉曾孙女、何绍祺孙女。

　　贺桂龄曾孙、贺仲琳孙、贺师泰三子贺家焜娶何庆湘女，即何凌汉曾孙女、何绍京孙女。

　　何绍基是对何家情况记录最多的人，蹊跷的是，贺氏族谱的这些记载却没有在何绍基的传世文字中得到印证，何凌汉家族后人的谱牒记载中也缺乏相应的证实，某些记载还出入很大。这就值得我们辨析一番了。

　　一般来说，族谱对于亲缘关系的记载非常严谨，不会有胡乱攀亲、自乱族脉传承的现象。况且，贺家和何家作为湖湘两大世家，没有必要在姻亲关系上无中生有地进行攀附以光耀家族，如有攀附传播出去，更会颜面扫地，得不偿失。以我们依据的善化贺氏族谱而论，其谱为三修谱，完成于 1929 年，其主编贺家栋有清贡生身份，长期从事文书案牍工作，曾任伊犁知府、新疆民政司长，享有二品职衔。这种资历身份意味着在编撰族谱时，贺家栋完全有能力做到严谨，不会粗疏从事。更重要的是，他是 1868 年生人，涉及与何家有姻亲关系的贺家儿女除一位是贺家栋的堂姑妈之外全是贺家栋的同辈堂兄弟和堂姐妹，他编写族谱时基本都还健在，可推知何家的当事人大多也健在，可以说，贺家栋就是贺何两家姻亲关系的直接见证人，很难想象他会做假。其实在当事人都健在的情况下也很难做假，想一想，族谱修成后是要在族人中分发的，如果出现乱点鸳鸯谱的错谬，立即就会引来议论指责，贺家栋不会犯这种低级错误。此外，族谱中贺家与其他家族的姻亲关系均得到对方族谱资料的证实，可见此谱的真实性还是有相当保证的。所以，不能简单地认为贺家栋留下的关于贺何两家姻亲的记载武断粗疏，甚至是做假攀附。倒是应该作为一个疑案加以破解，即为什么两家的家族谱牒记载会有出入。

　　首先辨析一下贺仲瑷之女嫁何绍祺之子何庆熙的情况，史料显示，咸丰十一年（1861）何绍基归湘任教城南书院，其三弟何绍祺也于前一年归湘，何绍基归湘的背景是，他在任四川学政期间直言得罪了皇上受到处分，于是心灰意冷，告别仕途，先在山东教书，后受湖南友人邀请，回湘执教城南书院。而咸丰十年（1860）何绍祺也在浙江遭遇了一次大家难，该年，他在浙江署粮道，太平军打进了杭州城，其家属与太平军发生了激烈冲突，或被杀或自尽而亡，何绍祺的妻子邢夫人也自杀，全家主仆死伤达数十人，何绍祺因出差幸免于难。此后他便弃官回到了湖南，可见当时他们两兄弟的处境都比较潦倒。何绍祺回湘后全家住在长沙东乡，而长沙东乡正是贺家祖居地，此时贺熙龄已故去，次子贺仲瑷（仲肃）当家，贺何两家父辈本为密友，子辈贺仲瑷与何绍祺交密自在情理中。尽管没有史料确证，但我们根据何绍祺的家难背景推想是贺家收留性地邀请何绍祺同住东乡。再推断，两家也在同居东乡期间结成了亲家。据史料记载，何绍祺结婚后，生了三个女儿，没有儿子，想必是觉得生子无望，便过继了何绍业的儿子何庆治为嗣，之后他又娶了侧室，居然生了三个儿子：庆铨、庆熙、庆全。根据这样的背景，何庆熙应该在何绍祺40岁后出生才合情理，亦即在1841年以后出生，故1861年何庆熙大约20岁，根据贺氏族谱推算，贺仲瑷次女大约出生于1845年，该年16岁，二人年龄正好般配。对于贺仲瑷次女嫁何庆熙，贺仲瑷本人的《家传》还有明确记载："次适道州道光甲午科亚魁、原任浙江督粮道何公讳绍祺三子、太学生、议叙国子监典籍庆熙"，而在何氏后人出示的有关史料中，并没有何庆熙婚娶的记载，可以断定，是何家史料有缺，应依据贺家记载补全。

再看几位贺家郎娶何家女的情况。他们都是贺氏家字辈子弟，即贺家翼（1872—1904）、贺家模（1877—1912）、贺家焜（1880—?），他们娶的是何家维字辈的姑娘。按18岁左右娶亲的常理推算，他们成婚应该都在1890年以后，此时，何绍基等四兄弟都已去世，他们生前不可能知道这些孙女辈的婚配情况，何绍基诗文中没有这方面的记载便不奇怪。至于再晚辈的何家后人出示的族谱资料中，也缺乏当事族人的婚姻记载。按照常理，这应该是何氏家乘的记载出现了缺失。从贺家族谱的主编贺家栋看，这些娶了何家女的贺家郎都是他的堂弟，也就是说，他是婚姻的直接见证人，因此贺氏族谱的记载应该是可信的，正好可为史料补全。

还有贺师彬长女嫁何维棪的问题，查1937年所修《何氏族谱》可知，何维棣为何绍业孙，何庆澄次子，生于咸丰六年（1856），其余资料一概缺失。贺师彬长女系家字辈，约 1860 年生，从年龄看，与何维棣的年龄十分般配。按常理他们结婚也应该在 1875 年后，此时何绍基也已去世两年。所以何绍基没有记载也不奇怪。而贺家的记载者贺家栋则是同时代的见证人，贺师彬的长女就是贺家栋的堂姐，他不可能出现记载错谬。可以认为这也是何家记载出现了缺失。

比较棘手的是何维畲娶贺师尹三女的问题，按何氏后人出示的有关记载，何维畲系何绍业孙，何庆治次子，生于同治四年（1865）至同治八年（1869）间，配偶为黄氏，侧室为黄氏、赵氏，死后与两位黄夫人合葬于长沙东乡，与贺氏族谱的记载相冲突，该怎么看？我们不妨先看何氏后人的记载，何氏后人没有记载何维畲卒年，也没有记载学历功名，至于生年的记载也比较含混，跨度达四年。查 1937 年编撰的《何氏族谱》可知，何庆治只有二子，长子何维畯生于咸丰六年（1856），次子何维畲生于同治四年（1865），要小大哥 10 岁左右，似乎也隔得有些远了，这些记载给人的感觉像是后人凭借记忆写下，由于记忆的缘故，信息有较大缺失，不够精确。再看贺氏族谱记载，贺氏女约生于 1860 年，父为贺师尹，以军功保升候选知县，加五品衔，例授奉政大夫，母封宜人，这样的记载比较完整，而且贺氏女是撰谱人贺家栋的堂姐，很难会发生婚姻记载的错谬。但是毕竟两家的配偶记载明显不对。究竟怎么断定，还要追究记载依据的原始性和精确性，看来只能将问题悬置，以待考实。

我们认真辨析两家的姻亲关系，并非想锦上添花，炮制一段世家姻缘的佳话，而是想追问真相，就历史的求索而言，真相比佳话更有魅力。

贝允昕与近代湖南[*]

——以法律、教育与报务为考察中心

陈　兵[**]

摘　要： 贝允昕是横跨近代湖南法律界、教育界与报界的杰出人物。他从清末开始投身湖南法政事务，辛亥之后任职湖南都督府，民国三年转执律师业，担任多届长沙律师公会会长，在近代湖南法律界有"律师之师"的美誉。贝允昕因挚友谭嗣同被杀后认识到中国民智未开，故而东赴日本留学，归国后致力于振育民智，创办多所新式学校培养人才，在近代湖南教育界有"校长之长"的尊誉。贝允昕在近代湖南报界亦表现突出，从民国初创立《湖南政报》，继而另创《大公报》，并担任湖南报界联合会会长，始终坚持"大道为公"之办报立场，在反对专制和推动政治进步等诸方面发挥了重大作用。

关键词： 贝允昕　湖南　律师之师　校长之长　《大公报》

贝允昕（1865—1929），字元征、元澂，湖南浏阳人，他是近代湖南的法界泰斗、教育名宿和报界巨子，在近代湖南的法律、教育、报务等诸领域产生过重要影响，在湖南近代史上占据重要位置。他长期执律师业，担任多届长沙律师公会会长；积极投身新式教育，在湖南创办十余所新式学校；相继创立《湖南公报》和《大公报》，始终以反对帝制与拥护共和为志。当时，湖南省内的校长、律师多出自他门下，他因此被人尊称为"校长之长"和"律师之师"。[①] 然而，这位重要人物却逐渐被时代湮没，被世人遗忘。现留存的有关贝允昕的遗迹，仅有湖南省浏阳市高坪镇船仓村的

---

*　基金项目：湖南省法学会法学研究重点项目"湖湘法治文化的传承与创新"（18HNFX - B - 003）；湖南省社科基金重点委托项目"湖湘法治文化的传承与创新研究"（19WTB03）；湖南省研究生科研创新项目"近代湖南审判制度发展历程与实践运行研究"（CX20200483）。

**　陈兵，湖南师范大学法学院博士研究生。

①　参见《贝元澂先生事略》，湖南图书馆藏，民国抄本，第1页。

"贝氏家庙"。该庙原称"贝氏家祠"，因为贝允昕才将原来的家祠改为家庙。笔者曾前往贝氏家庙进行实地考察，发现其中对贝允昕之记述错误颇多。① 故而，对贝允昕的法律、教育与报务等活动进行研究，不仅是系统揭橥贝允昕生平事功之必然要求，亦是深入认识近代湖南法律界、教育界与报界之客观需要。

一 律师之师：贝允昕的法律之路

光绪十四年（1888），23 岁的贝允昕参加戊子科乡试，得中举人。此后，他一直在外省游幕，历任湖北抚署、天津道署、登莱青胶道署、直隶县署、长芦运署、福建臬署及藩署、广西藩署文案。贝允昕正式投身到湖南的法政事业，最早可追溯至清末。宣统元年（1909）九月一日，湖南谘议局第一届会议在长沙开幕，这标志着湖南谘议局最终成立。当时，贝允昕担任湖南谘议局的书记长。② 此外，贝允昕还参与到清末湖南的政党筹建中。宣统三年（1911）六月六日，宪友会总部在京成立。随后，筹备宪友会湖南支部之活动迅速开展。六月九日，湖南的立宪派人士在省教育总会召开谈话会，会上推举"贝允昕、雷光宇、胡迈、谭传恺为支部章程起草人，决定章程拟定再开发起会"。③ 不久，章程草就，宪友会湖南支部旋即成立。有学者认为："这既标志着立宪派力图依靠清朝统治者走改良主义道路的又一次努力，又体现出他们与清朝统治者之间矛盾与裂痕的进一步扩大，清朝统治集团危机的进一步加深。"④ 由此可见，贝允昕作为湖南立宪派之代表人物，是清末湖南立宪活动之踊跃参与者。

辛亥革命兴起，湖南旋即光复，贝允昕与谭延闿等人共相筹策，以维护全省治安。事定后，贝允昕担任湖南都督府顾问、法制院院长与政报处

---

① 试举一例，据《贝氏家庙序》之记载："清光绪年间，贝氏家族发展到鼎盛时期，十九世嗣孙允昕乡试中举，后又留学日本，回国后在法律和教育事业中，做出了很大贡献，有'教长之长、律师之师'之称。故此，贝氏家祠溢封为贝氏家庙，一直保持原貌至今。"此处便将"校长之长"误写成"教长之长"，将"谥封"误写为"溢封"。
② 谭仲池主编《长沙通史》（近代卷），湖南教育出版社，2013，第 705 页。
③ 南炳文、白新良主编《清史纪事本末·宣统朝》，上海大学出版社，2006，第 3310 页。
④ 湖南省地方志编纂委员会编《湖南省志·第一卷·湖南近百年大事纪述》（第二次修订本），湖南人民出版社，1980，第 304 页。

处长。湖南都督谭延闿还委任贝允昕担任湖南司法司司长，掌管全省的司法事宜，但贝允昕却力辞不就。接着又改任贝允昕为湖南第一法政学校校长，不久他又辞职。1912 年 11 月，湖南都督府为公布各项法令，"记录湖南政署之一切文件，使人民有所遵守"，而创办《湖南政报》，谭延闿又委任贝允昕担任该报总理。① 此外，1912 年在长沙成立"湖南法学协会"，贝允昕担任该会首任会长。后"二次革命"爆发，湘政激变，贝允昕奔赴北京，依附"第一流人才内阁"总理熊希龄，担任编纂兼统计。接着又充任"政治会议"议员，获四等嘉禾章，以道员存记。②

可见，贝允昕的经历不可谓不丰富，但这些主要涉及法政活动诸方面，并未直接关涉律师活动。贝允昕转执律师业，是在民国湖南建立律师制度以后。1912 年，王英濂、任绍选、彭兆璜等人率先取得律师资格，成为湖南的第一批律师。1912 年 8 月，湖南省司法司颁布《湖南辩护士暂行规则》，标志着近代湖南律师制度之初步形成。同月，王英濂、任绍选等人发起筹建长沙律师公会的活动，并呈报司法部核准。9 月 15 日，司法部正式核准成立长沙律师公会。因此，长沙是湖南最早出现律师和创建律师公会的地方。1914 年 11 月 17 日，贝允昕在长沙地方检察厅登录律师资格，登录号数为"七五"，律师事务所设在长沙"藩围后"。③ 后来，他又将事务所迁至长沙"宝南街刘忠壮祠坪第五号"。

起初，长沙律师公会之会址并未固定，常以会长或者副会长的住址为会址。直到 1917 年 6 月，长沙律师公会才购买省城吉庆街柑子园的一处房屋作为会址。1919 年，贝允昕正式当选为长沙律师公会会长，任期一年，连选连任，此后他又连续四次当选为会长。1920 年，在贝允昕的主持下，开始集资修建长沙律师公会的会址，同年 12 月竣工。当时，贝允昕还撰文泐石记之，该文对律师在国家中的重要地位与长沙律师公会的历史变迁进行了精要概括，意义重大，遂在此摘录之。文曰：

---

① 1912 年 11 月 29 日出版的《湖南政报》上，刊登了这项命令："现开办《湖南政报》，以为公布各项法令之用。业经委任贝允昕为该处总理，并订定政报处简章十条，定于十月二十七日出版发行。合即通令该司处局厅署，仰即转饬所属一体遵照。"参见《湖南政报处简章》，载黄林编《近代湖南出版史料》，湖南教育出版社，2012，第 1251~1252 页。

② 湖南省地方志编纂委员会编《湖南省志·第三十卷·人物志》，湖南出版社，1992，第592~593 页。

③ 参见《司法部编湖南律师登录第二表》，《政府公报》1915 年 5 月 23 日。

国家之统治权，三分之为立法、行政、司法，又三分司法之权而为检察、辩护、审判。律师职在辩护，有公会以联之，所以集众思而广忠益也。民国元年，肇设本会，越二年而成立，僦屋治事，不常厥居，乃积入会捐及月捐之余赀，越六年而购东庆街柑子园屋基，门首旧为春肆，室内颓圮，不适于盖簪，本会同人共谋勾赀以茸新之，越八年而轮奂翼然，规模略备，损私以益公，易成而可久。当干戈扰攘之际，而有此兴作，是不可以无纪！爰泐诸石，用诏来兹。①

此外，贝允昕还积极参与国内和国际律师组织之活动，以交换智识，增进文明。譬如，1920 年秋，在日本东京召开主题为"改善法律""培植东亚律师"的国际辩护士会议，贝允昕代表长沙律师公会出席此次会议。1921 年秋，在北京召开主题为"加强世界律师联系""健全律师学养"的国际律协会议，有 22 国代表出席会议，贝允昕会长、马续常副会长代表长沙律师公会出席此次会议。② 此外，贝允昕还在 1923 年代表长沙律师公会赴日本律师协会，1924 年赴菲律宾律师协会进行国际交流。③ 1927 年 5 月，贝允昕作为法律界的代表人士，参加了长沙市民第一次代表大会。当时，在贝允昕的主持下，长沙律师公会成为省城五大法团之一。

贝允昕在执行律师业务时，获有丰厚报酬，但他平素却恬淡简静。④ "未尝屑意于财贿，有以法律事件见托者，必先审其曲直，苟曲则婉辞劝止之，直而受屈必力为伸张，酬金丰俭非所计也，故人感其诚而颂其德。"⑤ 故贝允昕有"道德律师"之美誉。据贝允昕之子称：

---

① 湖南文献委员会编，夏剑钦、劳柏林整理《湖南文献汇编》，湖南人民出版社，2008，第223 页。
② 湖南文献委员会编，夏剑钦、劳柏林整理《湖南文献汇编》，湖南人民出版社，2008，第 235 页。
③ 参见《贝元澂先生纪念册之三》，湖南图书馆藏，未刊稿，第 11 页。
④ 当时，在省城长沙，"律师有上、中、下三等之分。上等律师谙熟法理，且与法院推事、检察官相通，他们受理的一般是大案，收入可观，大多家道殷实。中等律师一般能说会道，能帮助打赢官司，收入亦不薄。下等律师大都是未履行登录手续、没有取得正式律师资格而从事律师职业者，一般叫'黑律师''土律师'，以及边经商兼作律师的商人律师"。贝允昕作为大律师，更有"律师之师"之称，自然属于上等律师，报酬丰厚。参见长沙市地方志编纂委员会编《长沙市志》（第四卷），湖南人民出版社，1997，第 329 ~ 330 页。
⑤ 《贝元澂先生纪念册之一》，湖南图书馆藏，未刊稿，第 6 页。

有以地皮地骨之争来告者，当事者数十人皆贫窭愚钝，不能自道其理，亦无资以酬人之劳。先父晋接询问，极和善，周详谂知，其理颇壮，苟败诉则数十家皆将失其所业，乃为翻绎（翻译）法理，撰说具之，披陈导疑，俾洞解本原，即其人或负先父，而不倩其作状出庭，夷然不为侮。且谓：吾侪习律，固当贡诸当世，不必纳金，始开实笈也。其他类此者，不胜列举。世俗目为道德律师，诚非虚语。①

时人评价贝允昕："不善治生产，又不肯苟取。职律师者常有厚获，先生于定章外，不丝毫羡受，且常劝人息讼，与世之习于钩距之术以攫取财贿者，相去奚啻百倍。"② 贝允昕为人纯笃通和，了无尘腐气，他须眉皓白，常着革履，市民敬奉，虽三尺童子，望之肃然。贝允昕虽与熊希龄、谭延闿等名流深交，却不屑于名利。1916 年 7 月，贝允昕之师刘人熙代理湖南督军兼省长，浅识者以为贝允昕及其主持的《大公报》会飞黄腾达，但该报"同人固知自守，足未尝一入公门"。贝允昕笑曰："《大公报》诸人方将以办报为终身职业，不屑屑于梯荣干利，不可以是言相溷也！"③ 当时，就连刘人熙也劝他"因缘时会图进取"，但他仅"笑谢之而已"。其实，贝允昕多次表达过此种不屑名利之立场，后来他在《大公报》十周年纪念时亦言：

> 唯本报同人十年以来，所就就业业，锲而不舍者，可以昭告大众曰：本报同人之意志，非以是为邀荣弋利，只以是为服劳社会之一种职业，不知真有几何年数云尔。孤心万端，匪言可罄。④

故而，时人评价贝允昕：

> 生平恬淡简静，不屑屑于名利，同辈多得高官腆仕，先生视之若无睹。民国五年，蔚庐先生（刘人熙）为湖南都督，或劝先生因缘时

---

① 《贝元澂先生纪念册之一》，湖南图书馆藏，未刊稿，第 7 页。
② 《贝元征事略》，《长沙市新闻记者联合会年刊》1933 年第 1~2 期。
③ 《贝元澂先生纪念册之三》，湖南图书馆藏，未刊稿，第 3 页。
④ 贝允昕：《湖南大公报十祺纪念册叙》，载《湖南大公报十祺纪念册》，1925，第 2 页。

会图进取，先生笑谢之而已。熊秉三（熊希龄）、谭畏公（谭延闿）诸公均乐与先生交，先生除地方公益外，绝不干以私。①

贝允昕在执律师业，担任律师公会会长期间，亦极为热心地方公益事业。当时，他在湖南省孤儿院与慈善公所担当重要职务，在近代湖南的公益事业上具有广泛影响力。② 他还以长沙律师公会会长之身份，踊跃参加湖南的社会事务。譬如，"1925 年，浏阳旱灾严重，收成不到三分之一。县知事却将重灾轻报，致省政府列浏阳为灾情缓和区。贝允昕以律师公会会长身份，与县人刘元保等召开驻省同乡会，向省政府呼吁，并募款救灾"③。

贝允昕在担任长沙律师公会会长时，因其德行高尚与能力突出，被湖南法界一致推荐为高等审判厅的厅长候选人。1922 年 1 月 1 日，在"地方自治""联省自治"之潮流下，湖南颁行《湖南省宪法》。宪法颁行后，便开始选举立法、行政与司法人员，以组建新政府。当时，湖南省内的各主要法律团体与法政学校，如湖南司法促进会、湖南司法研究会、湖南自治研究会、湖南省宪促进会、湖湘法政校友会、长沙律师公会、湖南法政学会、南华法政学会、湖南公立法政专门学校、湖南群治法政学校、湖南达材法政学校等，均一致推荐贝允昕作为湖南高等审判厅的厅长候选人。其中，湖南自治研究会与湖湘法政校友会在联合推荐书中云：

> 省宪实施，三权并重，立法行政，既庆得人，司法前途，尚形混沌。且吾湘审判制度，系采三级三审，是无论民刑案件，以高审厅为终审，高审厅直操解释法令及管理一切行政诉讼之权，关系人民生命财产者非常钜重。应选厅长人材，倘或不当，则于人民危险殊甚，本

---

① 《贝元澂先生事略》，湖南图书馆藏，民国抄本，第 1 页。
② 据记载："贝允昕一生勇于任事，办学之外，更以余力从事社会公益事业，凡有要约，必应时往，虽严寒酷暑，不肯少爽。其办理社会事业之可数者，如孤儿院之成立，贝允昕实竭力赞助之，且任院董，为之筹划一切。湖南公医院至今规模颇大、全活甚众，其创办时，亦以贝允昕之力居多，且被推为董事长。其他如慈善公所、急赈会、市政筹备处，凡与地方公益有关者，莫不乐于预闻，不敢稍辞劳瘁。"参见《贝元澂先生纪念册之一》，湖南图书馆藏，未刊稿，第 5 页。
③ 湖南省浏阳市地方志编委会编《浏阳县志》，中国城市出版社，1994，第 848 页。

会兹以人才、道德、资望为标准，查贝君允昕实克负此重任。①

可见，高等审判厅作为与省议会、省政府相并列的湖南最高审判机关，在湖南省宪运动中占据重要地位。"高审厅长一席为全省保护人民、解释法律最高统一地位，非具备四种资格，不能胜任：（一）要有道德；（二）要精通法律；（三）要富有经验；（四）要平日不含政治意味，不带党派色彩，感情在水平线以上，不偏重任何方面者方可举出。贝允昕君于上列各项资格为适合。"② 首先，在道德方面，时人评价贝允昕"道德文章不可多得"，他"穷不失义，达不离道，虽和易而大节凛然"，③ 故德行高尚应无疑义。其次，在能力与经验方面，贝允昕"历任师范、法政、监狱及中学各校校长、教员十年以上。法政专门学校主要科教员七年以上。民国三年，长沙地方登录律师，执行职务八年以上。历充国际律师协会赴日代表、中华民国律师协会理事、湖南省教育会干事，民国八年当选长沙律师公会会长，连任四届"。④ 故贝允昕精通法律和富有经验亦是事实。最后，在政治方面，贝允昕并未加入任何党派，不偏于党系，且他主持《大公报》时更是以公正著称。故而，贝允昕完全具备担任湖南高等审判厅长之资格。1922 年 11 月 22 日，湖南法界各团体开展推荐贝允昕为高等审判厅长之活动，发起"廉洁运动大会"，并向省议会请愿，法界各团体再次宣称：

　　吾湘省宪实施，新政府成立在即，高等厅为全省最高法院，有统一解释法令必应处置之权，非得一深通法学、经验宏富、道德高尚之人出而担任，殊难称职。查有中华民国律师协会理事、长沙律师公会会长贝君允昕，字元征，现年五十七岁。……法政专门学校主要科教员七年以上，执行律师职务八年以上，核与省法院编制法第五十条规定高等厅长资格相当，实属志洁行芳，闻望卓著。前经缕陈略历，公请一致选举，兹特合词提出，专诚介绍，如能应选，实吾湘司法前途

① 《贝允昕应选高审厅之介绍书》，《大公报》1922 年 11 月 19 日。
② 《两学会欢迎省议员纪略——推荐贝元征先生》，《大公报》1922 年 11 月 20 日。
③ 《贝元澂先生纪念册之三》，湖南图书馆藏，未刊稿，第 2 页。
④ 《贝允昕应选高审厅之介绍书》，《大公报》1922 年 11 月 19 日。

之福。①

于是，湖南法界各团体一致推举贝允昕为高等审判厅的厅长候选人。然遗憾的是，湖南省议会并未选举贝允昕为高等审判厅长，其中缘由不得而知。

贝允昕在执行律师业务时，还坚决与湖南当局的反动行为做斗争。1923年 4 月 11 日，《大公报》在一则题为《省宪》之"编辑余话"中，对议会议员、政府官员进行了批评。其中指出："省宪对于人民的成绩，只加进几层痛苦；对于政府的成绩，只造就一百多个金钱购买的议员和几个金钱购买的司厅院长而已。"② 这番言论着实恼恼了部分省议员，他们指责《大公报》"糟蹋省宪"，是"野心家破坏省宪先制造舆论"。③ 随后，省议会以《大公报》"破坏省宪""公然侮辱"为由，通过决议咨请省长惩处。省长将决议发交内务司，该司司长旋即通知警察厅长。于是，警察厅在当晚强令《大公报》立刻停刊。贝允昕认为湖南省政府对外标榜立宪，竟有此等遏制言论自由之蛮横举动，故而极为愤慨。为此，身为律师的贝允昕，一边向内务司提出抗议，一边向长沙地方审判厅提起行政诉讼。④ 其间，提起行政诉讼的"文稿前后十数"，均是贝允昕亲手草拟。这起行政诉讼案件，"构讼年余，犹不少收。先生之意固不在赔偿，以欲于尘浊间稍申法理也"。⑤ 换言之，贝允昕提起行政诉讼之本意并不在金钱赔偿，而是在维护与捍卫言论自由之基本权利。正是在贝允昕的不懈斗争下，《大公报》最终

---

① 《法界一致推举贝允昕应选高审厅长》，《大公报》1922 年 11 月 24 日。

② 《省宪》，《大公报》1923 年 4 月 11 日。

③ 南雁：《湖南的省宪与报馆》，《东方杂志》1923 年第 6 期。

④ 当时，中央法律规定全国只有"平政院"能受理行政诉讼。例如，1912 年公布的《中华民国临时约法》第 10 条规定："人民对于官吏违法损害权利之行为，有陈述于平政院之权。"1915 年 7 月颁布的《行政诉讼法》规定："行政诉讼由平政院管辖，采用一审终审制。"但20 世纪 20 年代，军阀战争频繁，地方割据严重。于此背景下，湖南实行"省宪自治"，继而打破上述行政诉讼之规定，以法律形式规定在湖南省内由高等审判厅与地方审判厅共同受理行政诉讼。1922 年 12 月颁布的《湖南省行政诉讼暂行章程》规定："对省长之违法处分致损害人民权利者，可向高等审判厅提起行政诉讼。此外，对因行政官之违法处分损害人民权利者，而向地方审判厅提起行政诉讼的，对地方审判厅之判决不服，可上诉到湖南省高等审判厅，由高等审判厅作出最终判决。"

⑤ 《贝元澂先生纪念册之三》，湖南图书馆藏，未刊稿，第 4 页。

得以复刊。

总之，贝允昕在近代湖南律师发展史上占据重要地位，他主持的长沙律师公会不仅注重自身建设，还积极参与国内外同行的交流活动。贝允昕在执行律师业务的过程中，不屑名利、追求正义、热心公益、捍卫自由，因其超群绝伦、德高望重，在当时湖南的律师界和司法界均具有崇高威望，因而被时人尊誉为"律师之师"。

二　校长之长：贝允昕的教育之途

贝允昕在 1888 年得中戊子科举人后，原本可在仕途上更进一步。但他痛恶清朝的捐官弊政，不肯援例就职，故随即外出游幕十余年。后来，因受同县李勤恪公之器重，贝允昕得以相继在浏阳文华、围山两大书院担任山长，这时贝允昕才开始接触教育事业，当然这仅是书院式的传统教育。而贝允昕被时人尊称为"校长之长"，主要是因为他投身于湖南的新式教育中，并取得突出成绩。要特别强调的是，贝允昕投身新式教育之主要原因，与挚友谭嗣同密切相关。贝允昕与谭嗣同是同学。贝允昕早年跟随刘人熙读书，谭嗣同早年亦跟随刘人熙研习船山之学。[1] 据谭嗣同所言：

> 既而薄上京师，请业蔚庐，始识永嘉之浅中弱植，傲睹横渠之深思果力，闻衡阳王子精义之学，缅乡贤朱先生黯然之致，又有王信余、陈曼秋、贝元征以为友。因而求亨，翻然改图，愧弄载多少之讥，冀折节勤学之效。[2]

此后他们相交甚笃，屡通书信，评论时事。譬如，光绪二十一年（1895），贝允昕在致谭嗣同的信件中，就变法能否可行发出了质疑。贝允

---

[1] 刘人熙，号蔚庐，湖南浏阳人。光绪三年（1877），高中进士。三十二年（1906），担任湖南中路师范学堂监督、法政学堂总办。三十三年（1907），任湖南教育会会长。辛亥革命后，任湖南民政司长。1916 年，代理湖南督军兼省长。1919 年 2 月，在上海病逝。详情参见湖南省地方志编纂委员会编《湖南省志·第三十卷·人物志》，湖南出版社，1992，第 523～524 页。

[2] 谭嗣同：《报刘淞芙书一》，载《谭嗣同集》，岳麓书社，2012，第 11 页。

昕以"清政之时变，以变其外者，不可变其内，乃昌言性命之理，颇与乡人谭嗣同持异同"①。并对晚清洋务运动进行强烈批评，表示必须维护圣人之道。贝允昕曰：

> 将讲洋务之术尚未精，必变法以图治欤？抑中国圣人之道固有未可尽弃者欤？
>
> 数十年来士大夫争讲洋务，绝无成效，反驱天下人才，尽入于顽钝贪诈。②

对此，谭嗣同回复长信，也就是《报贝元征》，该信是谭嗣同的一篇变法宣言，系统阐释了维新变法之主张。谭嗣同认为："奈何诋儒术无用乎？今日所用，特非儒术耳。"贝允昕叹绝，说谭嗣同是"知言"。谭嗣同还在信中回忆起他们曾经一起谈论时事之情形。当时，贝允昕受业于刘人熙、欧阳中鹄等湖湘名儒门下，"于学无所不通"，谭嗣同对他亦极为钦佩。谭嗣同在《石菊影庐笔识·思篇》中记录了赠给贝允昕的诗和跋。赠诗云："解字九千三百；坐席五十余重。"跋云："五经无双许叔重，说经不穷戴侍中，惟我元征齐年，泱泱其风。书者潘诵捷，赠者谭嗣同。"③ 可见，两人关系之亲密，这为贝允昕后来转身新式教育事业提供了铺垫。

光绪二十四年（1898），戊戌变法失败，谭嗣同喋血菜市口，以死来唤醒民众。作为挚友的贝允昕闻之，极为悲愤，感叹道，"新法之不行，实由于民智之不开"，而"民智之不开，朝政之日敝，由教化之不行"。④ 贝允昕激于谭嗣同为国牺牲，他深知"非抱取他人之长，不足以言救国"。⑤ 故而，基于这种救国理念，他立志出国留学。直到光绪三十年（1904），年近不惑的贝允昕，终于迎来出国留学之机会，故他毅然负笈东瀛，进入日本法政

---

① 曹典球：《贝元澂先生墓表》，载《贝元澂先生纪念册之一》，湖南图书馆藏，未刊稿，第 1 页。

② 谭嗣同：《思纬壹壹台短书·报贝元征》，载《谭嗣同集》，岳麓书社，2012，第 208 ~ 215 页。

③ 谭嗣同：《石菊影庐笔识·思篇》，载《谭嗣同集》，岳麓书社，2012，第 163 页。

④ 黄凤岐：《贝元澂先生墓志》，载《贝元澂先生纪念册之一》，湖南图书馆藏，未刊稿，第 2 页。

⑤ 参见《贝元征事略》，《长沙市新闻记者联合会年刊》1933 年第 1 ~ 2 期。

大学，研习法政专门之学。

在日期间，贝允昕系统地学习了法学通论、宪法、民法、商法、行政法、刑法、国际法、诉讼法等法学科目，较为全面地接受了西方法政思想之洗礼，为日后拥护民主共和，反对封建专制奠定了良好的思想基础。两年后，贝允昕从法政速成科第二班毕业，同班毕业的有陶梦蛟、何维道、张人镜等湘籍留学生，外省的还有汪精卫、程树德等人。① 这些留学生将在中国未来的法政进程中发挥重要影响力。

光绪三十二年（1906），贝允昕正式学成归国。此后，他专注于"作育人才"和"振发民智"，投入新式教育中。在近代湖南教育界，贝允昕是与明德中学创办人胡元倓齐名的著名教育家。贝允昕在近代湖南教育事业上的贡献，时人总结："计自日本归国后十余年，先后建学十数处，成达者几万人，士风丕变。"② 这较为准确地说明了贝允昕在近代湖南教育史上的重要地位。

光绪三十三年（1907），贝允昕短暂出任广西梧州府师范学堂及中学堂的法政、国文教习。旋即返湘，协助刘人熙筹办中路师范学堂（今湖南第一师范学校）。贝允昕相继担任该学堂的副监督以及代理监督兼教务长。同时，他又兼任湖南高等学堂的法学、理财学教习。③ 并在湖南官立法政学堂担任宪法、刑法和商法等各科教习。④ 光绪三十四年（1908），贝允昕还受

---

① 参见《法政速成科第二班卒业生姓名》，载〔日〕法政大学史资料委员会编《法政大学史资料集第 11 集——清国留学生法政速成科特集》，法政大学，1988，第 145～147 页。

② 黄凤岐：《贝元澂先生墓志》，载《贝元澂先生纪念册之一》，湖南图书馆藏，未刊稿，第 2 页。

③ 不少论著将此处"湖南高等学堂"误认为"岳麓高等学堂"，将"法学"和"理财学"教习误认为"法制"和"经济"教习。湖南高等学堂创办于 1903 年，其前身是 1902 年由求实书院改名的湖南省城大学堂。1903 年，岳麓书院亦改名湖南高等学堂。1904 年，此两所高等学堂合并，校址定在岳麓书院。学堂学科分三类，其中一类为升入文、法、商诸科大学之预备，其必修科目就有"法学"和"理财学"。笔者在湖南高等学堂"第一类加习的主课及教习"中发现：贝允昕分别担任"法学"和"理财学"教习，这两门科目的学习年数均为 1 年，每周授课时数均为 2 课时。湖南高等学堂培养了王凌波、向乃祺、彭一湖、吴良愧、杨道馨、雷铸寰、任凯南等一大批优秀学生。参见湖南省教育史志编纂委员会编《湖南近现代名校史料》，湖南教育出版社，2012，第 185～197 页。

④ 湖南官立法政学堂之存续时间较为短暂。1906 年，湖南公立法政学堂成立。1907 年，湖南公立法政学堂改称为湖南法政学堂绅校。到 1910 年，湖南法政学堂绅校与官校合并成湖南官立法政学堂。后辛亥革命爆发，该学堂因革命驻军被迫短暂停办。参见夏新华、陈兵《湖南近代法学教育发展研究》，《法学教育研究》2018 年第 2 期。

命担任湖南衡山县教谕。

1909 年 11 月，谭延闿、贝允昕等在长沙城南妙高峰简易师范学校之基础上续办中路公学，于 1910 年 1 月开始筹备，公推贝允昕为监督。[1] 1912 年 12 月，中路公学改成湖南公立第一中学，并由教育司议定每年拨八千大洋作为教育经费，贝允昕继续担任该校校长。1913 年 7 月，湖南时局急剧变化，发生讨袁的"二次革命"，贝允昕遂由湘入京。其间，贝允昕目睹袁世凯意欲称帝之阴谋后，愤而辞掉"政治会议"的议员职务，又从京返湘，继续担任湖南公立第一中学校长。时值袁世凯之心腹汤芗铭担任湘省都督，原有的教育经费被大肆削减压缩，该校难以为继，势将停办。贝允昕辞去校长职务，校董事会旋即公推方克刚继任。1914 年 7 月，在贝允昕的支持下，方克刚、罗元鲲等多方筹措资金，将湖南公立第一中学，由公立改为私立，并更名"妙高峰中学"（今长沙市第十一中学），贝允昕担任校董会总理。该校培养了一大批优秀人才，如 1930 年胡耀邦就曾在妙高峰中学就读。

1912 年，湖南进入共和时代，必须有"多数具备完全普通知识之国民"，方能保障民主之有效实施。然民国初创，百废待兴，学制未及颁布，财政极为困难，师资更是缺乏。当时，湖南教育界知名人士贝允昕、符定一、廖名缙等认为："欲谋吾湘中等教育之进步，非合各府州县合设一中学于省城，断难收学制统一之效果。"[2] 于是，他们便在长沙紫东园创设湖南全省公立高等中学校。同年 9 月，教育部颁布学制，规定大学本科下设预科，没有高等中学一级，该校遂更名为"湖南公立全省中学校"。1914 年 5 月，因该校为省级经费所设之校，遂又更名为"湖南省立第一中学校"（今长沙市第一中学）。该校后来亦培育了诸多优秀人才，如 1946 年朱镕基就曾进入该校学习。

1912 年，教育部准予创办私立学校。谭延闿、贝允昕、罗杰等在长沙福星街旧守备署，创办湖南私立第一法政专门学校，谭延闿为董事长，曾广钧、陈炳焕为副董事长，胡子靖、陈嘉会、罗杰、陶思曾、贝允昕等为

---

[1] 湖南省教育史志编纂委员会编《湖南近现代名校史料》，湖南教育出版社，2012，第 1333 页。

[2] 湖南省教育史志编纂委员会编《湖南近现代名校史料》，湖南教育出版社，2012，第 613 页。

董事，并推举贝允昕担任校长。该校创办之初，入学人数较多。但一个学期后，贝允昕便辞去校长职务，由赵恒继任。

此外，贝允昕还辅佐刘人熙建立船山学社。刘人熙终生"服膺船山"，在学术上极力推崇王船山，认为"船山之说"是匡救时弊的"良方"，故在1914年发起组织船山学社。刘人熙是清朝翰林，甚孚众望，被推为学社社长。后来，刘人熙离湘去沪，学社社务由贝允昕全权负责。船山学社还另建有船山中学，贝允昕担任该校首任校长。其实，贝允昕既是受过传统教育的清朝举人，又曾留学日本接受新式教育，故是一个兼具旧学根底和新学思想的人物。故而，贝允昕对于"近世新说，均能洞悉本原"。① 又因受刘人熙之影响，贝允昕亦崇奉"船山之学"，欲资其学说，以促社会之改造和社会道德之提高。贝允昕晚年坚持在船山学社讲学，即便是病中，犹扶病去学社讲学，不肯少辍，并在学社著有《船山人生观》。也许是在中西之学的影响下，贝允昕形成了兼容并蓄之品格。对此，时人评价他：

> 思想亦复精辟，无拘墟之见。除法律诸书为所专习外，新出书籍，浏览甚富。于近世主义学说均能言其究竟。性和易，人无少长贵贱，皆欢然相接。乐于为善，地方公益无不与闻约，虽沍寒溽暑必往，不以为苦。②

总之，贝允昕感于谭嗣同被杀，体悟到当时中国新法难行，根源在民智未开，故而决心投身新式教育，继而东渡日本留学，归国后致力于振育民智，在湖南创办中路师范学堂、中路公学、全省公立高等中学校、私立第一法政专门学校、妙高峰中学、船山中学等学校，为近代湖南的教育事业做出过杰出贡献，被时人尊誉为"校长之长"。

三 大道为公：贝允昕的报务之道

民元反正，万象更新，湖南的思想言论大为活跃，这为报纸发展提供

---

① 《贝元澂先生事略》，湖南图书馆藏，民国抄本，第2页。
② 《贝元征事略》，《长沙市新闻记者联合会年刊》1933年第1~2期。

了基础。1912 年 4 月，贝允昕、黎锦熙等人在长沙东长街创办《湖南公报》。贝允昕担任该报之社长，编辑多是其门生。[①] 因该报支持湖南筹饷局总办周震鳞打击地主豪绅，引起不满，致使该报遭受攻击。该报又领取共和党之津贴，不久共和党被进步党合并，该报遂被进步党攫取为机关报，言论愈发保守。当然，在贝允昕的主持下，前期的《湖南公报》以敢于揭露各种腐败现象而著称。据贝允昕后来在创刊《大公报》时所言：

> 自民国纪元，同人创办《湖南公报》，即置身言论界。愧无崇论宏议为吾父老借著，而谬为吾父老所奖扇，一纸发行，流布綦广。同人惭悚，弥自刻厉，冀竭涓埃之报。故力催乱民之逆焰，虽手枪炸弹有所不避；痛陈民生之疾苦，虽封闭勒停有所不惜。同人赋性愚赣（戆），既不屑学彼轻薄杨花之政客，以堂堂之新闻事业为作官发财之媒介物。复不能为奄阿侧媚之辞以浮沉容悦于当路，比年以来，既屡更忧患矣。[②]

民国初期，湖南的报业虽然逐渐勃兴，但各报同仁仍担忧行业势力涣散，不足以御不虞之侮。1912 年 6 月，湘省报界同仁公议组织湖南报界联合会，以张言论自由之帜。该会由《长沙日报》《湖南公报》《军事报》《黄汉湘报》《湘汉新闻》等报组成，照章票选干事一人，三月一任。旋开成立大会，票选贝允昕为干事，会址暂假《湖南公报》。[③] 当时，湖南都督府颁布"新闻条例"，限制新闻自由，湖南报界联合会为捍卫权利，据理力争，遂使该新闻条例无形消灭。随后，《湖南民报》《军国日报》《演说报》《天声报》等报亦相继加入该会。是年 7 月，湖南报界联合会开会修改章程，前任干事改称会长，仍推贝允昕为会长。[④] 1920 年，谭延闿开始第三次主持湘政，谭是清朝翰林，自认为文章学问高于他人，对报界尤为轻视，

---

① 该报之成员情况：创办人为贝允昕、任慧忱、黎锦熙，主持人贝允昕，经理李葆霖，总编辑袁子素，编辑李抱一、曾星笠、陈天倪、龙兼公、任凯南、张平子等。
② 《本报宣言》，《大公报》1915 年 9 月 1 日。
③ 李抱一：《长沙报纸史略》，《长沙市新闻记者联合会年刊》1933 年第 1 ~ 2 期。
④ 张平子：《从清末到北伐军入湘前的湖南报界》，载黄林编《近代湖南出版史料》，湖南教育出版社，2012，第 70 ~ 71 页。

称记者为"文痞",每遇记者求见,均不愿接见,只令马弁传语,甚至对报社人员百般刁难,以《戒严法》相绳押。对此,报界极不能容忍,乃向谭抗议,谭亦是置之不理。① 贝允昕在近代湖南报界素以正直著称,地位崇高,颇富人望,各报公推他与谭延闿说理,上述情况才有所改观。

随着"二次革命"之爆发,1913 年 7 月,湖南都督谭延闿通电反袁,并宣布湘省独立。由于讨袁军战局失利,谭延闿被迫取消独立。10 月 24 日,袁世凯派心腹汤芗铭署理湖南都督。② 汤芗铭主持湘政后不久,共和党并入进步党。于是,《湖南公报》被进步党控制,并被要求报社成员全部参加进步党,拥护袁世凯称帝。1915 年 4 月至 5 月,该报反对袁世凯接受日本"二十一条",又宣传排斥日货,日本领事要求封闭该报,汤芗铭乃强令改组。③ 在汤芗铭之施压下,贝允昕与其他同事因不满"拥袁捧汤"之无理要求,故愤而集体辞去《湖南公报》的职务。于是,该报遂彻底沦为进步党之机关报,成为反对国民党的报纸。1916 年 7 月,汤芗铭被湘省人民赶出湖南,不久《湖南公报》亦随之停刊。

从《湖南公报》愤然辞职的贝允昕等人,意欲对《湖南公报》进行革新,以扩张"大道为公"之理念。1915 年 9 月 1 日,刘人熙、贝允昕、李抱一、龙兼公等人,在长沙犁头街另起炉灶,创立《大公报》。之所以将名称确定为《大公报》,据该报编辑张平子所言:"因为我们本是《湖南公报》成员,现在更加恢弘光大,故于公报之上,加一'大'字。"④《大公报》成员作为湖南的第一代报人,他们对民主自由有着较为坚定之向往。有学

---

① 报界同仁称:"今幸湘局统一,民治有望,约法赋予人民以言论自由之特权,敝馆等窃不欲自甘放弃,愿得而享有之,此就约法而言,敝馆等有请求恢复言论自由之必要也。《戒严法》适用于警备时期,现在战事终止已逾三月,军队编制亦渐就绪,若实际上行使军法,口头上复高唱民治,此则不独报界之不幸,抑且为全部民治之玷。……今则不然,任何官厅人员,皆得便宜行事,恣行威胁,新闻细故,片言可解而动辄传唤经理,传唤编辑,颐指气使,尊若天神,此种蔑视人格蹂躏舆论之谬举,在钧座位远堂高,或有所不洞悉,而敝报则已宛转憔悴不堪其苦矣。此就免除军官辈之滥行职权而言,敝报有请求恢复言论自由之必要也。"参见李抱一:《长沙报纸史略》,《长沙市新闻记者联合会年刊》1933 年第 1 ~ 2 期。
② 夏新华、陈兵:《从立宪派领袖到三主湘政——谭延闿法政人生寻踪》,《湘学研究》2019 年第 2 辑,第 113 页。
③ 长沙市志编纂委员会编《长沙市志》(第十三卷),湖南出版社,1996,第 505 页。
④ 张平子:《我所知道的湖南〈大公报〉》,载黄林编《近代湖南出版史料》,湖南教育出版社,2012,第 161 页。

者称："他们既受过传统教育，又受过近代新式教育，新旧学问兼备。一方面传承了湖湘文化忧国忧民、经世致用的精神；另一方面在政治上、思想上接受了西方的自由、民主和个人主义。"① 所以，贝允昕等报人既具有大道为公之理念，又崇奉新闻自由之精神。他们鉴于此前创办《湖南公报》之教训，在筹办《大公报》时便决定："一、自行出资办报，不依靠任何方面，以免受牵制不能自由发表言论。二、站在民众方面说话，不畏强暴。三、报刊同人俱要以办报为终身职业，不能半途而废，尤其不能出去做官。"②

湖南《大公报》最初由著名湘绅领袖刘人熙担任董事长兼社长，贝允昕担任副社长。但刘人熙仅于报社挂名，具体事务则由贝允昕处理。当然，正是刘人熙之挂名，才避免《大公报》被停刊之命运。③ 后来，湘督汤芗铭被驱逐出湖南。于是，省城各界一致拥戴刘人熙担任湘省督军。刘人熙鉴于当时的政治环境，便辞去《大公报》社长职务，报社成员旋即公推贝允昕继任社长。此后，贝允昕主管《大公报》达十四年之久，在推动湖南的政治进步和社会发展等方面发挥着重要作用。

从《大公报》创立伊始，贝允昕就秉持"大道为公"之立场，以拥护共和为职志。"二次革命"失败后，袁世凯相继取缔国民党和解散国会，为复辟帝制铺路。当时，中国的政治乌烟瘴气，思想亦陈腐死寂。当袁世凯紧锣密鼓地筹备称帝时，《大公报》却公然"唱反调"，在创刊号上发表诸多反对帝制的文章，尤其是对支持帝制的筹安会进行严厉驳斥，这在全国都较为罕见。贝允昕奋笔昌言，高擎民主共和之旗帜，抨击复辟帝制之阴谋，并把矛头直接指向筹安会背后的袁世凯。他声称：

---

① 谭仲池主编《长沙通史》（近代卷），湖南教育出版社，2013，第 957 页。

② 张平子：《我所知道的湖南〈大公报〉》，载黄林编《近代湖南出版史料》，湖南教育出版社，2012，第 160 页。

③ 刘人熙是民初湖湘士绅领袖，无论在帮《大公报》筹措资金，还是消解来自当局的压力方面都发挥了很好的作用。曾是刘人熙部下的蔡锷当时寄来了 500 元钱，助报社解燃眉之急，并发来《大公报开幕祝词》。参见吴仰湘、陈先初主编《湖湘文化通史·第五册·近代卷》（下），岳麓书社，2015，第 637 页。张平子亦指出："独《大公报》反袁反帝比各报尤烈，竟予以优容，其原因之一盖为刘人熙之声望所慑也。"参见张平子《我所知道的湖南〈大公报〉》，载黄林编《近代湖南出版史料》，湖南教育出版社，2012，第 168 页。

同人鉴于中国危机益迫，而国人俱巽懦阿谀，无有敢仗义执言，以唤醒迷梦而挽回颓运者，因奋袂而起，秉着贫贱不移，威武不屈之精神，以期唤起国人共赴患难，挽千钧于一发。自辛亥革命后，推倒五千年帝王专制，改建共和，此本是全国四万万人民之共同心愿，且经世界全体承认者也。乃未及四年，而一二拥有势力者，妄想窃窥神器，而少数攀附之徒，希图富贵，强奸民意，妄倡变更国体，国家危机莫有大于此者！①

贝允昕表示报纸要在"此惊涛骇浪中发行"，以"唤醒睡狮"和"遏彼凶残"。在贝允昕的支持下，《大公报》还对帝制问题发表宣言：

当此强邻生心，鲁难未已之秋，岂容发为摇动国本之谈，以希冀个人不可知之富贵，而酿国家之祸？且以受完全国法支配之国民，岂敢对于国体倡为异论，实不啻提倡革命，当然为法律所不容。今报界同业且多有极力鼓吹之者，本报则断断不附和之，惟知以拥护共和，巩固国家为职志。②

同时，《大公报》还在首期"时评"中指出："夫以少数人之私意，遂欲假造民意，以变更四万万人之心意，倾覆共和国体。故无论其狂妄，即其举动，真谓狗彘不如也，本报誓当秉春秋之笔以诛之。"③ 当时，《大公报》的所有重大事项均需向贝允昕咨禀。"同人每有反对帝制之文字，激昂紧切者，先生辄激赏；稍靡弱则表示不满，有时竟指示应当如何如何。本报之得以有声于时，先生领导之力为多。"④ 在贝允昕的主持下，《大公报》对袁世凯之劣迹时予揭露抨击，深受省内外人士之欢迎，报纸销量剧增，为省内各报之冠。

此外，贝允昕主持的《大公报》还宣称不加入任何政党，始终坚持

① 转引自张平子《我所知道的湖南〈大公报〉》，载黄林编《近代湖南出版史料》，湖南教育出版社，2012，第 167 页。

② 《本报宣言》，《大公报》1915 年 9 月 1 日。

③ 《本报对国体问题之主张》，《大公报》1915 年 9 月 1 日。

④ 《贝先生与大公报》，载《贝元澂先生纪念册之三》，湖南图书馆藏，未刊稿，第 3 页。

"不党主义"。当时湖南省内各报普遍依附政党，成为党派之喉舌。① 然而，《大公报》却逆此而行，在开办之时，就"决定为商办，以公司名义，向商会注册，向党部及政府立案，以示不依附政党、军人之意"②。因此，贝允昕对追求、鼓噪党派私利之报纸进行了强烈抨击，其曰：

> 新闻纸之功用既彰，乃有利用之以背公死党者，是谓机关报，如雀噪之求食，如鸠鸣之觅群，甚或如青草池塘之虫声，阁闻聒耳。③
>
> 新闻纸者，又欲罗列具体之实事，而即以阐示抽象之公理也……新闻纸之记载与评论，虽由记者一人为之，而愿绘成人人和亲康乐平安之图式，要非为一人之利害，亦非为一人一党之是非也。④

1922 年 1 月 9 日到 21 日，《大公报》更是持续登载《本报同人不入政党宣言》，其宣称："本报素无党派关系，同人兹更相约，绝对不入政党。各党中如有录及同人姓名者，概为无效。特此声明，以昭郑重。"⑤ 这无疑反映了贝允昕坚持中立不倚、不偏于私的办报理念。因而，《大公报》得到广大读者之普遍信任。故时人有云：

> 人恒言报纸多不可信，独谓见《大公报》所载，则皆夷然以为不虚，信用如此，良不易得，其殆能名实相称者兴。⑥
>
> 《大公报》记者诸君，以董马纪事之笔，写屈贾忧时之怀，必翔必实，不激不随，不偏于党系，不屈于势利，勤勤恳恳，以牖我湘人。

---

① 譬如，当时的《长沙日报》《国民日报》《军事报》《军国日报》均是国民党的喉舌；而《黄汉湘报》《大汉民报》《湘汉新闻》《天声报》《天民报》《女权日报》等，或主办人是国民党人，或倾向国民党，也都算是国民党方面的报纸。即便是《湖南公报》，后期也沦为进步党的党报。参见张平子：《从清末到北伐军人湘前的湖南报界》，载黄林编《近代湖南出版史料》，湖南教育出版社，2012，第 49～50 页。

② 张平子：《我所知道的湖南〈大公报〉》，载黄林编《近代湖南出版史料》，湖南教育出版社，2012，第 161 页。

③ 贝允昕：《本报五周纪念》，《大公报》1920 年 9 月 2 日。

④ 贝允昕：《本报六周纪念》，《大公报》1921 年 9 月 1 日。

⑤ 参见《本报同人不入政党宣言》，《大公报》1922 年 1 月 9 日～21 日。

⑥ 贝允昕：《本报五周纪念》，《大公报》1920 年 9 月 2 日。

此尤铁中铮铮，问世而无愧者也。①

坚持"大道为公"之办报立场，秉笔直书、针砭时政的《大公报》，能在政潮汹涌、战乱频繁的民国湖南存续 30 余年之久，实属不易。在此期间，《大公报》被强令停刊近十次，报社成员被逮捕、投狱与审判之次数则更多，报社财产、屋宇被劫掠烧毁者更是数不胜数。但是，《大公报》在历经诸次劫难后，却仍然能复活，并不改办报之初衷。例如，1929 年《大公报》已停刊两年余，报社主要成员四散，贝允昕以职工失业生活无着亟待解决为由，函邀李抱一、张平子来长沙磋商复刊事宜，经过简短之筹备，《大公报》便在该年 5 月 21 日复刊。

总之，作为一份政论色彩极为浓厚之报纸，湖南《大公报》在创立伊始，便坚持"大道为公"之办报立场，发挥着直陈时弊、监督政府与引导社会之作用。在贝允昕之主持下，《大公报》在一些重大问题上，始终坚守原则和底线，不畏强权，尤其是在反对帝制和宣传民主方面，发挥着舆论监督作用。

结　语

贝允昕晚年对外侮日亟深为愤恨，他参加群众组织的外交后援会。当外交后援会等团体发起组织湖南反帝国主义大联盟时，他担任该联盟的执行委员，该联盟致力于反对各帝国主义之侵略，以达到废除一切不平等条约和保全中国主权之目的，这从侧面体现了贝允昕的爱国情怀。然而，五四运动之后，国内政治思潮发生急剧变化，贝允昕的思想却渐趋保守，他参与创办孔道学校并任校长，主张尊孔读经，与当时传播马克思主义思潮相违背。至 1929 年 7 月 4 日，贝允昕在长沙坡子街寓所病逝，结束了他在法律、教育与报务等诸领域的辉煌人生。随后，由长沙律师公会、《大公报》、慈善公所、妙高峰中学、孔道中学、建国法政专门学校等联合发起，将贝允昕公葬于长沙妙高峰之阳，时参加葬礼者达数千人。长沙曹典球、安化黄凤岐分别为之撰写墓表和墓志。湖南各军政要人、社会名流所敬挽

---

① 陈润霖：《报纸改进之我见》，载《大公报十周纪念特刊》，1925，第 172 页。

联者达数百副。如陈润霖所敬挽联："以儒断律以酒为名董笔持大公曾为斯民扶正气，生无愠容没无惭德船山著初藁独悲湘学失师承"，较为准确地概括了贝允昕一生之事功。

综观贝允昕的一生，他横跨法律、教育、报务等诸个领域，用毕生之力推动湖南的近代化进程。在法律方面，他长期于湖南执律师业，担任多届长沙律师公会会长，以律师的身份同反动行为做斗争，并积极参与地方公益事务。在教育方面，他先后于湖南创办财政学堂、中路师范学堂、中路公学、全省公立高等中学校、私立第一法政专门学校、第二师范学校、新民法政专门学校、妙高峰中学、船山中学、楚材中学、建国法政专门学校、湘澜女校等十余所学校，推动新式教育之发展。在报务方面，他相继创立《湖南公报》《大公报》，并担任湖南报界联合会会长，始终践行"大道为公"的办报立场，以反对专制、拥护共和为职志。当时，湖南省内的名人如赵恒惕、方克刚以及许多校长、律师，均出自贝允昕门下，故他被时人尊称为"校长之长，律师之师"。贝允昕为近代湖南做出过重要贡献，应当得到三湘后人之铭记。

贝允昕先生像（湖南图书馆藏）　　　贝允昕先生墓照片（湖南图书馆藏）

《大公报》创刊合影，前排左三为刘人熙，左四为贝允昕

入《儒林传》：王夫之进入
清代学术史的关键[*]

郭 钦^{**}

摘 要：嘉庆年间，阮元奉命修《儒林传》，将湖南王夫之采入。王夫之能入《儒林传》，不仅是因其学术盛名"为湖南之冠"，更在于其在新朝的形象有个随时局变化的过程，即清官方认可其人为"我朝之贞士"，其学术著作经官方采入《四库全书》。值得注意的是，王夫之在阮元《儒林传》中位于前列，这是王进入清学术史的关键事件。此后，官私修学术史再无可能没有王夫之；而且由于王夫之在传中的地位，在后来的区域话语中，其逐渐成为文化学术的精神领袖人物。至晚清，王夫之不仅成为近代湖湘文化的源头人物，而且与顾炎武、黄宗羲并列为明末清初三大思想家。

关键词：《儒林传》 王夫之 学术史

今日论王夫之，声名响彻学界，然而清初他在全国却默默无闻。康熙年间，虽有湖南学政潘宗洛作《船山先生传》①，将其推荐入史馆，却依然声息不大。乾隆时期，先为翰林院检讨后主讲长沙城南书院的余廷灿记有《王船山先生传》，期望将王夫之"立文苑儒林之极"②。余廷灿的期望之路是传统之途，学者能否为学界承认，自古以来以入《儒林传》为正宗门径。至嘉庆年间，王夫之终于被载入《儒林传》。现在问题来了，作为明遗臣，一生不仕清的王夫之为什么能入选清朝的《儒林传》？王夫之入《儒林传》后对

* 本文系 2018 年度国家社会科学基金项目"思潮、政治与学术：船山学研究（18BZ067）"阶段性成果。
** 郭钦，湖南省社会科学院历史文化研究所副研究员。
① 潘宗洛：《船山先生传》，载《船山全书》第十六册，岳麓书社，2011，第86~90页。
② 余廷灿：《王船山先生传》，载《船山全书》第十六册，岳麓书社，2011，第96页。

清代的学术史和湖湘学术史，甚至晚清社会会产生什么影响？

一 王夫之入《儒林传》的原因

《儒林传》是记载学术人物的传记，更是传统正史中的学术史。对于个人而言，能入《儒林传》，不仅是受到官方认可，也是得到史家认可，并且还可以借官学传之后世，实在是学人光耀学派的荣幸之事。对于官方而言，谁能够入传，谁能立专传，同一时期传主的位次如何排定，都是修传者代表官方对不同学人及学派考量的结果，体现着政治与学术的互动关系。《清国史·儒林传》倡导于乾隆时期，开始编写于嘉庆时期，后来屡有增修。乾隆曾说："且如儒林，亦史传之所必及。"① 即说国史列传中必有儒林传，然而乾隆一朝并未正式修纂《儒林传》。迨至嘉庆朝，《儒林传》才正式启动。起初由国使馆总纂、翰林院编修陈寿祺主持。陈因丁忧去职，接办者为阮元。依今人马延炜的研究，大约自嘉庆十三年（1808）十二月《高宗皇帝本纪》告竣后，陈寿祺开始正式办理《儒林传》，到嘉庆十七年（1812）八月阮元因出任漕运总督而离职并交出粗成的《儒林传》稿本给国史馆，形成了清国史馆纂修《儒林传》的第一个完整稿本（传稿有不同的版本，一般认为嘉庆年间的四卷本《儒林传稿》最能体现阮元的思想）。② 此传将王夫之收录在经学阵营中。一生不仕清的王夫之为什么能入选此传，又为什么是经学身份？

《儒林传》作为清廷官方正史的一部分，其编纂原则和学术标准自然是国家文治大政的体现。比如乾隆就曾经说过："且如儒林，亦史传之所必及，果其经明学修，虽韦布之士不遗。又岂可拘于品位，使如近日顾栋高辈，终于湮没无闻耶？"③ "经明学修"是学术总原则。开办《儒林传》之时，国史馆总裁庆桂酌议办理章程："儒林、文苑……等列传，应查明曾经奉旨褒嘉及由部题旌入于名宦、乡贤、节孝等祠者，考其著述事迹，核实编辑，总以官修官采著书为据，若家乘所记，概不准滥行。"④ 为国家所表

---

① 中国第一历史档案馆：《乾隆朝上谕档》第 4 册，中国档案出版社，1991，第 718 页。

② 马延炜：《〈清国史·儒林传〉与清代学术史的建构》，湖南人民出版社，2016，第 29~30 页。

③ 中国第一历史档案馆：《乾隆朝上谕档》第 4 册，中国档案出版社，1991，第 718 页。

④ 《清国史馆奏稿》，全国图书馆文献缩微复制中心，2004，第 984 页。

扬者，著述为官方所采者应是具体选裁标准。具体到《儒林传》，其编纂的学术标准集中于《儒林传稿序》及该书《凡例》。学界以往据此"序""例"得出了两种相矛盾的观点：有人认为阮元主张汉宋调和，有人认为阮元是尊汉抑宋。同一文本何以有如此截然不同的看法？今人戚学民研究后认为，《儒林传稿》编纂的学术原则一方面体现了汉宋调和的官方标准，一方面揉进了尊汉抑宋的个人理想。这也说明，清代中叶的学术思潮官方标准是虽学分汉宋，但也有汉宋调和。而事实上，因为乾隆年间的《四库全书》《四库全书总目提要》等的编纂，学分汉宋之时，更鼓励了汉学。作为官场学霸，作为汉学代表人物，阮元深谙此道，在政治上对官方学术标准极力迎合，其主持的《儒林传稿》所选人物及作品、评价几乎全引《四库全书总目提要》；同时尊汉抑宋以符合乾嘉时期鼓励汉学的政治文化倾向。[①]由此可知，作为官方史书的《儒林传稿》以汉学为重心，实际上暗合朝廷宣示了汉学的儒学正宗地位。

就王夫之而言，作为曾参与抗清的明遗民，能否入选《儒林传》，首先要进行的是政治审查，然后才是考察其是否"精明学修"。

从政治与学术的关系而言，清初官方政治对学术的管控是异常严厉的，文字狱、寓禁于征的四库修书均是其典型表现。文网严密的结果，一方面造成明清之际学术著作的深藏不出，一方面造成士人的学风转向，再一方面给编纂儒林传时选择传主造成极大的压力。编纂儒林传，自然绕不过明末清初的一批人，也就绕不开政治忌讳话题。

在清初的历史语境中，对于坚持"夷夏之辨"之人，对于易代之际大明朝（含南明）臣子的表现，清朝君臣是异常敏感的。到乾隆朝，对于明朝人物的褒贬总算有了一个标准。乾隆时期颁布过《胜朝殉节诸臣录》[②]，正式公开褒奖殉明的忠良。是否忠良，不在其为哪个朝廷服务，而在其是

① 参见戚学民《阮元〈儒林传稿〉研究》，生活·读书·新知三联书店，2011，第二章。
② 在乾隆朝，通过《胜朝殉节诸臣录》《贰臣传》《逆臣传》的编写，人们逐渐确立了一个人物评论的标准，能始终坚持气节者为高，投降屈节者为下，而不论其是否对清做过贡献。见王汎森《权力的毛细管作用：清代的思想、学术与心态》（修订本），北京大学出版社，2015，第 506 页。魏斐德亦有类似论述，他认为乾隆通过编纂《胜朝殉节诸臣录》建立起这样一种基本理论，即臣应永远忠于其君，以证明自己的坚贞，而不论其君暴虐与否。这样，使得人们重视忠臣的个人表现，而不是他们的集体成就；值得自夸的是个人的坚贞而不是政治上的胜利，见《洪业——清朝开国史》，江苏人民出版社，1992，第 710 页

否始终如一地坚守着他的立场。从学术的发展演化而言，许多原先深藏的前明忠臣或者守节遗民的文集逐渐得以刊布。然而寓禁于征的引蛇出洞的做法，又使得文字检查进一步深入，一批违碍清统治之书遭到销毁，部分藏书之人也遭到迫害。这就造成了后人选择刊布书籍的矛盾局面，自然也就造成了在为与明朝相关的学术人物作传时的困难局面。

王夫之是一个主张"夷夏之辨"的民族主义者，这毫无疑问；王夫之还是一个南明遗臣，是一个坚决抗清的人物，也是一个不愿意食"清粟"、穿"清服"的人物。显然，如果王夫之仅仅是这样的形象，毫无疑问不会入清朝的《儒林传》，这就说明，王夫之在新朝的形象也有个随时局变化的过程。事实上的确如此。康熙时代，依据湖南学使潘宗洛的记述，王夫之乃是"前明之遗臣""我朝之贞士"①。依据乾隆时代先为翰林院检讨后为长沙城南书院的余廷灿的记述，在学术上，王夫之乃是"笃信好学，蒙难而能正其志者"②。如此看来，官方以及学界认为王夫之是一个始终如一的忠臣，是一位学者。

一般的学者，也是进不了《儒林传》的。前述潘宗洛的《船山先生传》中说王夫之学行为"湖南之冠"③，且潘宗洛为船山作传的目的就是付之官方史馆。由此看来，无论是基于政治审查，还是考察学术成就，王夫之立于《儒林传》是没什么问题的。不过，阮元为了规避政治风险，在列王夫之入《儒林传》时，刻意留有后手。《儒林传稿·凡例》云：

> 今查湖南王夫之，前明举人，在桂王时曾为行人司行人；浙江黄宗羲，前明布衣，鲁王时曾授左佥都御史。明亡入我朝，皆未仕，著书以老。所著之书，皆蒙收入《四库》，列为国朝之书。《四库全书提要》内多褒其书，以为精核。今列于《儒林传》中，而据实书其在明事迹者，据历代史传及钦定《续通志》例也。④

此段文字，表达了三层含义。第一，前明之人入"我朝"，有黄宗羲，

① 潘宗洛：《船山先生传》，载《船山全书》第十六册，岳麓书社，2011，第89~90页。
② 余廷灿：《王船山先生传》，载《船山全书》第十六册，岳麓书社，2011，第95页。
③ 潘宗洛：《船山先生传》，载《船山全书》第十六册，岳麓书社，2011，第89页。
④ 文见刘毓崧《王船山先生年谱》卷首所刊。转见《船山全书》第十六册，岳麓书社，2011，第96页。

有王夫之，这些人虽未仕，但是是清朝人。此为王被录入国史之合理性。第二，王之事功及学术大体同黄宗羲，属于同时代之儒林人物。黄宗羲可入《儒林传》，王夫之自然也行。第三，《四库全书》及《提要》已收王之书，且认为其书精核，说明王早已为官方审核和认同。

以今人眼光看，王夫之能入《儒林传》，正如《儒林传稿·凡例》云，恐怕主要还是因为其著作曾被采入四库，似无政治风险。然而其著作亦有不少被禁毁，亦有违碍之处，这又隐隐有着不可预测的风险。因此，在选材上，阮元刻意回避了这个风险。其办法是"凡各儒传语皆采之载籍，接续成文，双注各句之下，以及来历，不敢杜撰一字"①。

二 王夫之在《儒林传》中的学术系谱

尽量采用官载书籍，既是为了规避政治风险，也是阮元作传的一个特点，即言必有据。这个方法，可说是模仿了全祖望集句成篇的办法，每段文字注明出处。② 于是，《儒林传稿》之《王夫之传》的文字就是如下情形：

> 王夫之，字而农，又字姜斋，衡阳人，前明崇祯壬午举人。（《四库提要》误刊以为汉阳人，今改正。）张献忠陷衡州，设伪官，招夫之。夫之走匿南岳。贼执其父为质，夫之引刀自刺肢体，舁往易父。贼见其遍创也，免之，父子俱得脱。明桂王在肇庆，瞿式耜荐之为行人司行人。旋以母病归衡山，居石船山，杜门著书。神契张载《正蒙》之说，演为《思问录》内外二篇。（余廷灿《船山先生传》）。又其所著书有《周易稗疏》五卷、《书经稗疏》四卷。其言《易》，不信陈抟之学，亦不信京房之术，于《先天》诸图、纬书杂说，皆排之甚力，而亦不空谈元妙，附和老庄之旨。故言必征实，义必切理，于近时说《易》之家，为最有根据。其说《尚书》，诠释经文，亦多出新意，有

---

① 阮元：《儒林传稿》，载《续修四库全书·史部》，第 537 册，《凡例》第 1 页。
② 参见王汎森《权力的毛细管作用：清代的思想、学术与心态》（修订本），北京大学出版社，2015，第 501 页。

失之太凿者，然辞有根据，不同游谈，虽醇疵互见，而可取者多。其说《诗》，辨证名物训诂，以补传笺诸说之遗，皆确有依据，不为臆断；又《叶韵辨》一篇，持论明通，足解诸家之轇轕。夫之又著《尚书引义》《春秋稗疏》《春秋家说》。（《四库提要》）。康熙间，吴逆在衡湘，夫之又逃入深山。吴逆平，巡抚嘉之，馈粟帛请见。夫之病，辞帛受粟，未几卒。（余廷灿传）。①

从《王夫之传》来看，字里行间标注了《四库提要》和余廷灿所作《王船山先生传》"，对比余廷灿所作《王船山先生传》，阮元所采《王夫之传》史料确实来源于此，只是更为简略。值得注意的是，阮元所采不仅有意避开了余廷灿所作传中王夫之在湖南、广西抗清的史实，而且刻意突出了王夫之与明末张献忠民军、吴三桂政权的不合作态度；对于王夫之在南明政权中的行为也有意回避，用"旋以母病归衡山"轻描淡写，造成王夫之似与南明政权不合作的假象。对传主王夫之的学术著作采摘则以《四库提要》为学术准则，可以说体现了那个时代的政治标准和学术标准。

《儒林传稿》的学理特色是经学、理学人物混同记载，正如前文所言，阮元依然有自己的盘算，也就是说，《儒林传稿》的一个重要特点是以经学为中心。从此书的《王夫之传》内容来看，王夫之是被归于经学阵营的。

王夫之著述本身是多方面的，康熙时代的官方人物潘宗洛、李周望、缪沅等人更多视王夫之为综合型学者或者理学人物②。如潘宗洛言："作《读四书大全说》《周易内传》《外传》《大象解》《诗广传》《尚书引义》《春秋世论》《家说》《左氏传续博议》《礼记章句》，并诸经《稗疏》各若干卷。又作《读通鉴论》三十卷、《宋论》十五卷，以上下古今兴亡得失之故，制作轻重倚伏之原。又谓张子之学切实高明，作《正蒙释义》、《思问录》内外篇，互相发明，以阐天人性命之旨，别理学真伪之微。又以文章

① 关于与阮元或署名阮元的《儒林传》或《儒林传稿》，版本众多，有不分卷、二卷、四卷、八卷等。同样对于《儒林传（稿）》中《王夫之传》亦有多种版本，本文据（清）刘毓崧《王船山先生年谱》卷首所刊转录，参见《船山全书》，岳麓书社，2011，第96～97页。《船山全书》尚收有《儒林传·王夫之传》另一版本，该版本藏于湖南省社会科学院图书馆，据镌"光绪丁酉季夏月刊"，认为是光绪年间木刻本，此版本亦见（清）王之春《船山公年谱》附传（可参见朝华出版社2018年影印本）。各种版本均有文字上的细微差别。

② 可参看潘宗洛、李周望、缪沅的介绍。载《船山全书》第十六册。

莫妙于《南华》，词赋莫高于屈宋，故于《庄》《骚》尤流连往复，作《庄
子解》《庄子通》《楚辞通释》。又著《搔首问》《俟解》《噩梦》各种，及
自定诗集、评选古今诗、《夕堂永日绪论》，注释《老子》《吕览》《淮南》
各若干卷。"① 从潘宗洛所叙而言，王夫之实在是一个综合性的学者，当然
潘宗洛也有意突出了王夫之的理学贡献。潘宗洛提供的王夫之所著书单中
许多著作后来被禁，说明清初的文网尚不密，但这也有政治上的考量。

李周望提督湖广学政时，刻意研读了王夫之的《张子正蒙注》，并为之
作序。序中言王夫之："尤于《正蒙》一书神会心契，独诣积久，诠释以成
编，于清虚一大之旨，阴阳法象之状，往来原反之故，靡不有以显微抉幽，
晰其奥窔。则是芟芜辟径、发蒙养正者张子也；扶轮推毂、指津布筏者船
山也。横渠之书，微船山而旨隐；船山之学，微横渠之书而不彰。两人旷
代相感，一作一述，非如马迁所云颜渊之于夫子，附骥而名益彰者耶？"②
显然，李周望认为王夫之的贡献主要在于理学方面。

缪沅任湖广学政奉命视学衡州时，获读王敔刻于湘西草堂的《王船山
先生书集》，并为之作序。序曰："姜斋王先生忧之深，以为姚江之说不息，
濂、洛、关、闽之道不著；濂、洛、关、闽之道不著，生民之祸将未有
已。……于是取横渠张子《正蒙》，章疏而句释之，于凡天地之本，阴阳之
胜，幽明之端，物之所始，性之所受，学之所终，莫不灿然大明，以正童
蒙之志于始，先入者主之。在我者洞然无所疑惑，则在彼者生死之说之狂
惑不攻将自破，而姚江之徒之蓁然者，亦恶能傲吾以独知而率兽以食人乎？
故尝自铭其墓曰：抱刘越石之孤忠而命无从致，希张横渠之正学而力不能
企。先生之于斯道，可谓勤矣。"③ 缪沅从道、学、政的关系说起，批"王
学"，而船山正本溯源，传张横渠正学。以清前期时代学术风尚而言，此文
正符合清初反思阳明心学、恢复程朱理学之潮流。

王夫之著作众多，阮元并非不知，选择《四库》所载为底本，有政治
上的原因，即王夫之多部稗疏著作入选《四库全书》及《四库全书书目提
要》，在官方和时人看来，他是经学阵营人物。除此之外，显然还有阮元个

---

① 潘宗洛：《船山先生传》，载《船山全书》第十六册，岳麓书社，2011，第 88 页。
② 李周望序文见《船山全书》第十六册，岳麓书社，2011，第 398～399 页。
③ 缪沅：《王船山先生集序》，全文见《船山全书》第十六册，岳麓书社，2011，第 399～400
页。

人原因。阮元本人是汉学主将，在阮元学术意识中，王夫之的经学成就更多。《儒林传稿》的《王夫之传》中，虽有王夫之契合张载《正蒙》之说的《思问录》，但更多的是王夫之学术中契合汉学的学术著作，如《周易稗疏》《书经稗疏》《尚书引义》《春秋稗疏》《春秋家说》等。对于阮元将王夫之的形象定位为经学人物，学术上时有人非议，然而在那个时代，在那种学术氛围下，加上主编者阮元的学术背景，这应该是最为稳妥的为王夫之作传的笔法。

三　学术地位和影响

值得特别注意的是，《王夫之传》不长，但王夫之在《儒林传稿》中的排位却很靠前。这就说明，阮元大大提高了王夫之在儒林中的地位。今人研究，根据国家图书馆善本部所藏题为阮元所撰的清抄本《儒林传拟稿》，王夫之在正传中排在顾栋高、孙奇逢、李容（即李颙）、黄宗羲之后，列第五；依据《儒林传稿》，王夫之列在四卷本中第一卷孙奇逢、李颙、黄宗羲三先生后，是 44 篇正传之一。① 孙奇逢、李颙、黄宗羲为清早期所称海内三鸿儒，孙奇逢为"北学"代表人物，黄宗羲为"南学"代表人物，李颙为关中代表人物，顾栋高则如前文所载，因乾隆欲修《清国史·儒林传》时首举其名而推之为首。阮元将王夫之列于这些大家之后，显然是将其作为湖南儒学的代表人物。从籍贯来看，《儒林传稿》等所选正传人物 44 人，湖南仅王夫之 1 人入选（湖广地区尚有湖北黄冈陈大章、湖北蕲水刘梦鹏两人附于王夫之正传之后），也说明王夫之在湖湘甚至两湖的学术首尊地位。

阮元提高王夫之的学术地位，对后世学术史记载、评价王夫之有着深远的影响。首先，王夫之为《儒林传》正式认定，这本身就是官方正面肯定其学术地位；而且，官方文书的影响力自然足够大，阮元对王夫之的这一认定成为王夫之进入清代学术史的关键，此后的清代学术史书写再无可能没有王夫之。其次，用发展的眼观来看，王夫之在传中的地位如此靠前，

---

① 参见马延炜《〈清国史·儒林传〉与清代学术史的建构》，湖南人民出版社，2016，第 41 页；戚学民《阮元〈儒林传稿〉研究》，生活·读书·新知三联书店，2011，第 186 页。

而且代表着湖湘地域学人的学术成就，预示着他在区域话语中，或者说在区域文化精神代表人物中，极有可能成为学术或精神领袖人物。历史已经证明，后来的湖南人编的《学案小识》和《国朝先正事略》在阮元的《儒林传稿》上进一步阐释王夫之，使其学术地位进一步上升。到晚清，王夫之不仅成为湖湘近代文化的源头人物，而且与顾炎武、黄宗羲并列成为明末清初三大思想家。

"传统"与"身教":程千帆
教育方式的两个关键词[*]

尧育飞[**]

摘 要:程千帆是 20 世纪中国古典教育的典型人物,他的教育活动凝练成学界注目的教育景观。在他身上,源自古典时代的士大夫传统、清儒的朴学传统及民国高校教育传统有机交融,形成一股强大的教育能量。程千帆不仅言说自具的文化传统,还将这种传统以"身教"的形式弘扬而出,影响众多学生。他将教学视作师徒之间的手艺传习,既有手艺人的严格规训,又不乏温情的教化,使宗风绵延不绝。通过培育人才,程千帆基本实现了"行道救世、保存国粹"的文化理想。

关键词:传统 身教 程千帆 教育 教学

作为学者的程千帆(1913—2000,湖南长沙人),有煌煌 15 册的《程千帆全集》为丰碑;作为教育家的程千帆,则以善于培养学生闻名于世。王瑶生前常对人提及"程千帆很会带学生",要陈平原等人"关注南大这一迅速崛起的学术群体"[①]。著名学者王元化在程千帆去世之后撰文写道:"自千帆先生七十年代主南京大学教席以来,继量守(黄侃)、愿夏(胡小石)之坠文,续东南学风之余绪,培养商量,阐幽扬隐,一时人材蔚起,与京沪名校鼎足成三,而风尚之盛美,转有居上之势。"[②] 程千帆善于培育学生,造就了一批学术新生力量。在王元化看来,这是接续民国时期黄侃、胡小石等人在国立中央大学的学风余绪,阐扬东南学术传统,商量旧学,培育新知,故而在当代教育史上留下浓墨重彩的一笔。

* 本文系南京大学优秀博士研究生能力提升计划 A(项目编号:202001A002)阶段性成果。
** 尧育飞,南京大学文学院博士研究生。

① 陈平原:《当年游侠人:现代中国的文人与学者》,生活·读书·新知三联书店,2006,第 230 页。
② 莫砺锋编《程千帆先生纪念文集》,江苏古籍出版社,2001,第 9 页。

程千帆何以能培育一大批各有建树的学生？他的教育思想的内涵如何？如何落实到教学和日常生活实践中？关于程千帆的教育活动，其及门弟子徐有富、莫砺锋、张宏生、张伯伟等人均有论述。徐有富《程千帆先生是怎样指导研究生的》中将程千帆的教育理念概括为三点：一、思想、学习、生活都管；二、注意传授治学方法；三、把培养学生放在第一位。主旨意在说明程千帆重视教育和培养人才，其教育内容则不仅注重知识教育，也包含道德教育，具有古典主义教育的色彩。① 张伯伟《行道救世，保存国粹——程千帆先生的精神遗产》则指出程千帆教育理念的根本底色，即"行道救世"和"保存国粹"，并认为程千帆身上的这种精神性传统"分别代表了中国文化中的忧患传统和知识传统，而作为一个身兼两种传统的大学教授，他往往是透过对知识的传承、创造以达到其'行道救世'之目的"②。间接揭示程千帆的教育活动是知识分子弘扬道统的功夫实践。新近两篇关于程千帆教育思想的硕士学位论文则从程千帆教育思想的内容和特点、其教育思想形成的原因以及其对当代教育教学的启示进行具体的阐述③。不过，两篇硕士论文的研究多以后设眼光将程千帆作为一个教育家加以研究，分门别类论述其教育理念、教学活动、教学效果等等，实际上隐藏着削足适履的风险，将程千帆归类为了"言教"者。作为有着古典和民国流风余韵的学者，程千帆的教育活动并非机械的教学活动的演示，而是四处焕发着深厚的"身教"光芒。而对程千帆"身教"活动，其及门弟子对往事的追忆论述，往往因浸淫其中，反而论述较少。

在中国古典教育传统中，"身教"是以胜于"言教"的姿态出现的，不过道行高妙，往往显得玄虚而不易把握。而程千帆的"身教"，却往往因"落于言筌"而留下痕迹。如程千帆弟子莫砺锋回忆昔年受学时说："五年来，先生手把手地教我，从怎样找资料，做卡片，到怎样选题、钻研，循循善诱，步步深入。不但教我如何治学，而且教我怎样做人。"④ 其中特别

① 徐有富：《程千帆先生是怎样指导研究生的》，《学位与研究生教育》2006 年第 8 期。
② 张伯伟：《行道救世，保存国粹——程千帆先生的精神遗产》，《中国文化》2014 年第 1 期，第 134 页。
③ 参见李勇红《程千帆的教育智慧》（河北大学硕士学位论文，2017）、金佳宁《程千帆教育思想研究——以〈闲堂书简〉〈桑榆忆往〉为中心》（华中师范大学硕士学位论文，2018）。
④ 莫砺锋：《江西诗派研究》，齐鲁书社，1986，第 335 页。

值得注意的词语是"手把手",这是程千帆众多弟子忆及老师时常用的词语。"手把手"是身体的一种接触方式,天然蕴含着人情的温度。这一原本是手艺人技艺传承的术语,被程千帆的学生用来阐述教育行为,本身具有丰富意蕴。"手把手"意味着程千帆将教育活动进行了一定程度的技术性改造,使不可捉摸的教育活动,尤其是"身教"规则化了,从而有章可循,有法可依。一大批程度不等、天赋各异的学生经过程千帆的指导,均能各有建树,显示程千帆教育艺术的高超。以"因材施教"概括程千帆的教育艺术,当然可行,但此处"因材施教"的核心是程千帆将传统艺术化的教学活动进行技术化处理,以"手把手"出之,从而造就当代高等教育一道亮丽的风景线。换言之,作为学者和知识分子的程千帆的"手艺"[①](知识、方法、人格)均经此得以传承并弘扬。

"每个社会使用工具和技能,产生一种具有特色的生活方式,一个同时具有物质性、社会性和象征性的世界。"[②] 程千帆在南京大学的教育活动及其一系列教育活动的言说,使其教学艺术逐步成为一种可资言说的技艺,通过文献积累,逐步营造出一个具备"物质性、社会性和象征性"的教育寓言,成为当代社会值得瞩目的教育景观。前述王瑶、王元化等人的论说即为对这种教育景观的描绘。在程千帆所营造的教育景观中,"身教"作为一种教育"技艺","是一种认知模式,它能使某物在无蔽中显现出来"[③]。这里的"某物"即程千帆身上的文化传统。根据爱德华·希尔斯的概括,传统是世代相传的东西,既包括物质实体,也包括文化建构,"传统有示范者,或者监护人"[④]。在程千帆身上,古代与近现代的文化传统交织叠加,共同发挥影响,而他作为传统的示范者,有序且有法地将文化传统以"身教"的形式弘扬递承了下去。

① 马克·布洛赫在《历史学家的技艺》的引言中声称,他这本书"只不过是一位喜欢推敲自己日常工作的手艺人的工作手册,是一位技工的笔记本,他长年摆弄直尺和水准仪,但绝不至于把自己想象成数学家"。(见马克·布洛赫著,张和声、程郁译《历史学家的技艺》,上海社会科学院出版社,1992,第18页。)这里即借用布洛赫的概念,将程千帆的教育工作比作教育"手艺"。
② 〔英〕白馥兰:《将历史引入STS:中国技术文化中的变迁和延续》,《科学文化评论》2017年第1期,第15页。
③ 〔澳〕芭芭拉·波尔特著,章辉译《海德格尔眼中的艺术》,重庆大学出版社,2016,第140页。
④ 〔美〕爱德华·希尔斯著,傅铿、吕乐译《论传统》,上海人民出版社,2009,第13页。

一 传统的深度：行道救世和保存国粹

生平几乎贯穿整个 20 世纪的程千帆，身上既有古典主义的余韵，又是经过马克思主义洗礼的新中国的教授。在他身上，既积淀着民国大学的教育传统；又因自身学术选择，而具备清儒朴学的底色；同时因出自晚清文化世家的关系，与传统士大夫的人格和精神声气相通。这三个层面的传统累积于程千帆一身，展示了其个体蕴含文化传统的深度。揭示程千帆的教育理想，须对叠加于其身的诸种传统做一次理性的梳理。

程千帆 1932 年考入金陵大学这所教会学校，虽不废古典诗词吟咏，却已注意新诗的写作。他与友人常任侠、孙望等人一道组织"土星笔会"，成为《诗帆》主将。陆耀东《中国新诗史》称程千帆的诗"既蒙中国唐宋诗的遗泽，又取西方现代派诗的手法"，且并不"从中国古代诗词中某一片段化出"。[①] 此外，程千帆还特别注重外语的学习，他认为学生"最好要掌握一到两门外语"[②]。以后带博士研究生时，程千帆还"专门请了外语教师，创造条件让他们学好外语"[③]。以外语打开西学之门，自觉吸纳西方的理论与方法，是程千帆精神传统开放性的一面，这得益于民国学术传统勇于向西学开门，尽管近年对民国学术"西化"的批评意见甚大，但无可否认，正是用西洋的方法，中国传统的学问才得以在民国绽放灿烂的成果。可以说，程千帆身上源自民国的学统是接着胡适"整理国故"的理念而来的，故而在他身上体现的是一种"开放的文化保守观"，具备"立足中国文化传统"和"不断吸取现代新知"[④] 两大特征。

程千帆身上保守性的一面与薪火相传的东南学术传统息息相关。近年学者讨论东南学术传统，多以执教于中央大学、金陵大学的黄侃、吴梅、汪辟疆、胡小石等人为代表。这些人"大都出身于书香门第，在清代末年开始求学，民国初期逐渐成长。早年接受的是清儒传统的培育方式，训练比较规范。因此他们的教学与研究，能够贴近古人心灵，并不纯属理性方

---

① 陆耀东：《中国新诗史（第二卷）》，长江文艺出版社，2009，第 343 页。
② 程千帆：《程千帆全集（第十五卷）》，河北教育出版社，2001，第 168 页。
③ 巩本栋编《程千帆沈祖棻学记》，贵州人民出版社，1997，第 91 页。
④ 张伯伟：《行道救世，保存国粹——程千帆先生的精神遗产》，《中国文化》2014 年第 1 期。

面的解读"①。程千帆早年求学金陵大学，承接黄侃、吴梅、汪辟疆、胡小石等教授的学脉，流风余韵，固然浸润血脉；再加上他本人出身湖南宁乡程氏书香世家，精神上也与师长辈相贯通，故"颇得各家真传，因此他的治学，能够体现这一学统的特点。他提出，治学应重文献学与文艺学的结合，而重文献之说，即承清儒朴学而来"。② 这里揭示出程千帆身上学术传统的更深一个层面——清儒朴学。也就是说，在教育家程千帆身上，传衍着民国东南学术大师的流风遗韵，深层次中也积淀着清儒朴学的精密而科学的学养。

当然，正如爱德华·希尔斯在《论传统》中声称的那样："从任何种类的行为和信仰来看，个人都拥有一个其组成成分属不同时代产物的文化。"③ 程千帆身上的传统不止积淀自民国和清代乾嘉时期，更与源自周秦古典时代的中国士大夫传统一脉相沿。1946 年 3 月 8 日，吴宓曾在日记中记下对程千帆、沈祖棻夫妇的观感，云："昌（程千帆旧名程会昌）、棻均有行道救世、保存国粹之志。"④ 这种行道救世，是儒家"正其义不谋其利，明其道不计其功"精神的阐扬，是韩愈"原道"精神的赓续，充满维持斯文道统的牺牲精神。某种程度上仿佛孔子和孟子周游列国，弘道仁义一般。这种士大夫救世的传统，用张伯伟的话来说，是孔子"周游列国以行道救世，其塑造的学问品格，就是'述而不作''信而好古'，而在所述所信，实际上对以往的文化下了一番因革损益的功夫。孔子奠定的传统，就是中国学术、中国教育的根本大统。只要这一根本大统不丢失，中国文化的统绪就不会断绝，而必有再生、光大之一日"⑤。程千帆身上的士大夫弘道救世的精神，在南京大学 1978 年礼聘他来任教时表现得尤为明显。当南京大学来人问程千帆对学校有何要求时，历经磨难的程千帆的回答是："我要工

① 周勋初：《东南学术　浴火重生——学术史研究之一端》，《古典文学知识》2013 年第 6 期，第 6 页。
② 周勋初：《东南学术　浴火重生——学术史研究之一端》，《古典文学知识》2013 年第 6 期，第 7 页。
③ 〔美〕爱德华·希尔斯著，傅铿、吕乐译《论传统》，上海人民出版社，2009，第 50 页。
④ 吴宓《吴宓日记》1946 年 3 月 8 日。载王留芳主编《沈祖棻研究文论集》，海盐县政协文教卫体与文史委员会印刷，第 379 页。
⑤ 张伯伟：《行道救世，保存国粹——程千帆先生的精神遗产》，《中国文化》2014 年第 1 期。

作，我要有为人民服务的机会，什么条件？这就是条件。"① "工作"及"服务人民"成为程千帆首要的要求，这种"明其道不计其功"的精神颇有儒家士大夫"舍身求仁"的意味。

要谈程千帆的"身教"，不能不揭橥其身上蕴藏的颇具深度的传统资源：既有来自民国的西学传统，又有源自师长和家学的清儒朴学传统，还有中国知识分子身上绵绵不绝的士大夫传统，这三大传统互相作用，使程千帆身上的精神别具厚度，知识极有广度，而视野又十分宏阔。种种力量，使得程千帆并不魁梧的身体中爆发出惊人的生命力与教育原动力，也使其浑身散发文化魅力和人格魅力。当程千帆以"身教"将这些能量推而行之，其产生的教育效力就不容低估了。

二　具体而微的"身教"

"身教"是中国传统教育极为显著的一个特征。黄炎培 1930 年所著《中国教育史要》将中国教育史置于整个社会生活和世界教育体系中加以比较，得出中国教育的重要特点即"政教合一，注重身教"②，这一判断堪称精准。自孔子以来，中国人对教师的要求即"以身作则、言传身教"③。如孔子所说"听其言而观其行"，中国人相信行胜于言，教师行为的潜移默化功效要远远大于口头说教。但传统身教往往不落言筌，难以捉摸，看来十分玄虚。而程千帆的"身教"，由于弟子记述甚多，距今时代较近，故较多的身教痕迹有法可循，为我们探究其身教活动，提供了很好的研究素材。兹以《闲堂书简》中的相关记载为例，纲举目张，见出其身教的特点及影响。

程千帆对"身教"并没有严格的论述，但他认为，"老师对于学生，只能教导，不能强制"④。可见，在他的教育世界中，"教化"胜于"规训"。不过，他对于教学中教师的主体地位，并不放弃。他曾说，"好学生首先是自己好，老师的帮忙是有限度的，但如果认为学生是不可能由传授而得，

---

① 莫砺锋主编《程千帆先生百年诞辰纪念文集》，凤凰出版社，2013，第 78 页。
② 顾明远主编《教育大辞典》第 8 册，上海教育出版社，1991，第 366 页。
③ 郭齐家：《中国教育史（上卷）》，人民教育出版社，2015，第 76 页。
④ 程千帆著，陶芸编《闲堂书简（增订本）》，上海古籍出版社，2013，第 144 页。

那也似乎太可惜。钱锺书……恐将形成仲尼没而微言绝,实在可惜"①。故此,对教育活动的原则问题,程千帆有自己的坚守,如对于学生将老师当作字典用,自己不思考,就严词拒绝。他曾对学生吴代芳说:"'献替节文'你说的对,不必改动。但节文之义,非为你所说。两字见于《礼记·坊记》及《史记·乐书》。(怎么讲,自己去查一下。我有这么一个倒楣脾气,总想留一点事让问者自己去做,希望他们从实践中得到的东西更牢靠一些。请原谅。)……我乐于回答你的问题,因为你没有把老师当字典使用。有的同志,自己不大肯动脑筋,却把老头子当类书、字典翻,使人啼笑皆非。"②这种提问的"身教",与早年胡小石等人的教育传统有关。不过胡小石对青年的提问是"来者不拒,随方解答"③,而程千帆则在继承师道之余,严峻门庭,对东南高校的教学传统有改造和提升。

对学者而言,"不发表,就出局"④,发表文章可以说是学者生存的重要指征。但程千帆对学生却又忠告道:"切忌以多为胜,什么都写,好像什么都知道。"⑤ 这种忠告并非仅是理性思考的结果,程千帆自己也是这么践行的。程千帆在1994年时就说:"我自数年前自觉思维减退,为文不复能跨越自己,即决心断手不为。自己且不能跨越,况跨越他人乎?若不能跨越,写之何益。"⑥ 宁缺毋滥,高标准要求自己的学术文章。程千帆这样说,也就这么做,故而他所培育的学生基本不以江湖性文章在学术界立足。

在学生提问、论文写作等"身教"示范之余,程千帆也以一些时代大判断垂范弟子。1978年,程千帆写信给早年的学生杨翊强,他认为应该"多做事,少说话,不吵架"。他对时代的判断是,"现在是不要空头支票而要硬通货的时候",对杨的希望是"把课教得稳稳的,争取在《中国语文》上发表一篇科学论文"。他并非仅仅严于律人而宽以待己,彼时程千帆自己的状态是"工作很忙,简直多年没有这样过。又恢复到57年以前,每天没有三千字不下书桌了"⑦。他要把在牛棚里虚度的光阴争分夺秒地抢回来。

---

① 程千帆著,陶芸编《闲堂书简(增订本)》,上海古籍出版社,2013,第374页。
② 程千帆著,陶芸编《闲堂书简(增订本)》,上海古籍出版社,2013,第196页。
③ 周勋初:《当代学术研究思辨》,南京大学出版社,1993,第19页。
④ 李连江:《不发表,就出局》,中国政法大学出版社,2016,第196页。
⑤ 程千帆著,陶芸编《闲堂书简(增订本)》,上海古籍出版社,2013,第356页。
⑥ 程千帆著,陶芸编《闲堂书简(增订本)》,上海古籍出版社,2013,第359页。
⑦ 程千帆著,陶芸编《闲堂书简(增订本)》,上海古籍出版社,2013,第34~35页。

这种忘我的工作很快收到回报，程千帆的名作《唐代进士行卷与文学》等重要论述都在 1978 年以后陆续问世。即便到了 1992 年，程千帆已 79 岁，仍谦虚地表示："我现在也还在做点事，不过不多，每天一点点，积上一二年，又出一本书。老牛破车，边休养，边尽力之所能做一点。"① 生命不息，奋斗不止，在程千帆身上，拼命做事也是身体力行的师范行为。

其言传身教，不仅体现在学术和教学上，还体现于日常生活中。如针对彼时教授子女出国的现象，他以自己耳闻目睹的事情，对老学生予以告诫。他说："孩子上进努力出国深造极为可喜。但望以'一年土，二年洋，三年不认爹和娘'（指祖国）为戒。南大许多教授，孩子在外国大有成就，但都变了洋人。父母老病，留在国内无人照应。不只是入了外国籍，心都变了。"② 对学生的家庭因子女去国读书，他有风险性的预告。针对学生莫砺锋谈对象、张三夕的婚姻问题③，他以自身经历予以指导，有时甚至一手操办。这种师生的情谊，现身说法的态度，求之今日，是不易见的。然而稍一溯源，可知程千帆这一师道传统也承袭了近代的师道传统。比如程千帆的老师黄侃，因学术赏识弟子潘重规，而将女儿许配给他。南京高等师范学校（中央大学前身）早年的学规即有"学生对自己之品性行为负修养之责任，对同学之品性行为负规劝之责任，对本校校风负巩固培养之责任"④。同学之间尚且以道德相互砥砺，师生之间的道德规劝、生活诫勉就更不在话下了。

三 "手艺人"的传帮带

程千帆会带学生，在于使学生崭露头角，即见其长势，所谓"入门须正"，程千帆亲自示范，而要求门人也如此。他对学生蒋寅说："弟等方开始登坛，要注意塑造自己美好的形象。"⑤ 这颇有点手艺人带领弟子初次亮

---

① 程千帆著，陶芸编《闲堂书简（增订本）》，上海古籍出版社，2013，第 68 页。
② 程千帆著，陶芸编《闲堂书简（增订本）》，上海古籍出版社，2013，第 185 页。
③ 张三夕：《师范》，载李欢等编《选择的奥妙：透视大学生选择心路》，中国财政经济出版社，2003，第 152 页。
④ 江谦：《关于南京高等师范学校筹备成立情形的报告》，载《南大百年实录》编辑组编《南大百年实录》，南京大学出版社，2002，第 46 页。
⑤ 程千帆著，陶芸编《闲堂书简（增订本）》，上海古籍出版社，2013，第 354 页。

相的意思。现代高等教育使得师生关系颇有点类似手艺人的师徒关系，这在程千帆及其弟子身上体现得十分明显。将程千帆视作教育行业的"手艺人"，着眼点在人格塑造和学问养成，从手艺传承的私密性、学习的耗时性出发，可思考程千帆为代表的一批东南地区稳定的师徒群体。须知，他们的古典文学传习是以一些经典的文本、教育的技艺、公认的道德追求等作为基底的。由此，程千帆的教育"手艺"有较好的稳定性和可操作性，自有一种"内在规格"，也因此，"程门弟子"方能成长为一个备受学界瞩目的学术群体①。尽管后启蒙主义教育研究者向这种学徒制的师生传习发出挑战，他们认为："激进教师——任何拥有教育如何能够为创造一个更加美好世界做出贡献之愿景的教师——可以说都在运用着同样的教育和教学模式，它是允许启蒙者凌驾于学徒之上的专制。"② 但是，就教学的有效性而言，学徒制仍是迄今为止高等教育最急需且最该发扬的教学模式。

程千帆常将自己的研究心得，无条件地奉献给学生。譬如谈及新文学与古代文学的关系，他引朱自清为例，劝其学生注意师法。云："近为一刊选印了朱自清旧诗，非久即当风寄，可以知道这位以新文学出名的人，对旧的下了多少工夫，亦不知诸公能引以为法否？"③ 提请学生注意研究的心法，可见程千帆的用心。

对高等教育培养的准教师而言，教学十分重要。对此，程千帆颇下过一番苦功夫。他说："教学是一门艺术，必须十分刻苦钻研，才能把人教懂，而且进一步引人入胜。这只要努力，是完全可以做到的。要有信心。"④ 这显示他对学生今后走向教学岗位的指导，并对学生予以鼓励。程千帆对做教师这项看家本领的传授并非停留在口头，而是亲自"传授"。对即将走上讲台的学生，在研究和教学两方面，程千帆必定"扶上马，送一程"。这其中教学尤其重要。学生张宏生留校任教试讲的第一堂课，程千帆就坐在下面听，课后，还加以点评。"程先生这样注重对年轻教师教学初体验的引导，其中有他自己的亲身感受在。抗日战争时期，……（武汉大学）文学

---

① 本段论述参考徐雁平《中国古代文学流派的桐城模式——基于萧穆咸同时期日记的研究》，《文学评论》2020 年第 3 期。

② 〔英〕尼格尔·塔布斯著，王红艳等译《教师的哲学》，山东教育出版社，2014，第 89 页。

③ 程千帆著，陶芸编《闲堂书简（增订本）》，上海古籍出版社，2013，第 39 页。

④ 程千帆著，陶芸编《闲堂书简（增订本）》，上海古籍出版社，2013，第 53 页。

院长刘永济先生和程家是世交，对他非常赏识，就推荐他到武大任职，教三个班的大一国文。……程先生讲课时，刘先生就悄悄地在隔壁听，一连听了一个星期，觉得讲得不错，这才放心。……这种精神，程先生也继承下来了。"① 也就是说，程千帆对教学重视，聆听学生讲授第一堂课，也是渊源自民国的传统。这里，就更见程千帆"教学手艺"何所由而来、何所从而去了。

学者欲在高校生存，需要教学与科研并重。程千帆的"手艺"，在这两方面均有体现，且他自觉将两个看起来颇有矛盾的方面融汇在一起，提出以教学带动科研的理念。程千帆曾对学生张三夕说："一定要把教学放在第一位，教然后知困，而科研就必然会跟上来。"② 教师努力提升教学，自然会在备课等环节面临紧张，于是不能不拼命求知，由此生发的问题，自然就是很好的科研成果。这是程千帆谈论教学促进科研的起点。他又对学生张宏生说："如能在教学上将'满堂灌'或皆改为'争鸣'式，则师生两方承受之压力必大为增强，水平必大为提高。"③ 这里，则是告诉张宏生，要充分利用课堂这一师生共享空间，通过师生的争鸣和讨论，以紧张的教学研讨去逼迫师生水平的提升。利用教学促进科研，程千帆又不止于以上两点心得。他还认为课程和教学，要"多念作品，少吹通论"④。这与其少年时所受学术训练关系密切，至今看来，此语仍切中高校教学之弊病。程千帆这种将教学技艺和奥秘向学生坦白的姿态，不就是手艺人的手艺传承吗？

"因材施教"是着眼于学生的特点，而尽力使其成材，不过一旦学生在某方面已经受限，则及时制止的训诫比循循善诱的勉励更符合教育规律。从 1978 年至 1988 年，程千帆屡屡为学生杨翙强提供各种学术指引，而到了 1988 年，鉴于杨翙强已年近六旬，程千帆的话变为："下面对你的业务简单谈点意见：你的业务抛荒得太久了，要成为一个知识广博的语言学家，已经不大可能，只有努力发挥自己的优势，把全部的力量（除了教学以外）投放在湖南方言调查研究上，如果你能像罗常培先生那样，写出《临川音

① 张宏生：《学高为师 身正为范——杂记程千帆先生和他的教学》，《文汇读书周报》2019 年 3 月 11 日，第二版。
② 程千帆著，陶芸编《闲堂书简（增订本）》，上海古籍出版社，2013，第 405 页。
③ 程千帆著，陶芸编《闲堂书简（增订本）》，上海古籍出版社，2013，第 501 页。
④ 程千帆著，陶芸编《闲堂书简（增订本）》，上海古籍出版社，2013，第 91 页。

系》和《厦门音系》那样的书，你就站得住脚了，但这要苦干、实干。我祝你成功。"① 这种为学生设置"学术禁区"的务实指导，同样可以视作"手艺"的传授。在手艺人行当中，禁忌或禁区"保证了社会从非规则性规范向准则性规范的递进"②，也使遵循禁忌的人能较快绕过误区而获得行业性成长。故而当他的学生、武汉大学教师吴志达花费许多精力写作普及读物时，程千帆毫不客气地指出："没有一个专门搞通俗读物的人而可以跻身学林的。这类的东西，写一两本就可以了。"③ "应少写通俗性文字，而集中时间撰写专门论文及书。如编纂、注释之类，皆不足为弟增重于学林也。"④这种学术禁忌式的训诫，可使初学者在学界少走弯路，而较早崭露头角。对初窥学术门径的后生而言，这些话不啻金玉良言。以后吴志达果然沉潜于学术著作和专门论文，并在明清文学研究中取得较为出色的成绩。当然，程千帆的指导尤其具有针对性，其所设置的学术禁忌条款也时常因人而异。比如对另一才华横溢的学生蒋寅，程千帆则表示："只要心中明确安身立命之处，在于高精尖而不在于普及，则从事普及工作（或所谓大路货）亦自无碍。要在不可使人感到什么都会，什么都不精，是一盒万金油，斯可也。"⑤ 程千帆对学术传承的严格而直截了当的规训，受早先自己所受私塾教育影响。他少年时在堂伯父程君硕的有恒斋学习，他说程君硕"几乎要把传统士大夫应当具备的文化知识都教给我们，所以学习是艰苦而繁重的"⑥。这种艰苦的学术训练使其对弟子们的要求不免迫切，故他对弟子们的学术训练和指引也直截了当而不讲情面。

学徒制的师徒传习，有利用一切机会锻炼学徒的一面，故当程千帆担任《中华大典·文学典》主编时，便将这一任务分解交到学生吴志达和张伯伟身上⑦。这一方面可锻炼学生的科研能力，另一方面也一并培养了学生主持大型项目的能力。程千帆注重培养学生的实战能力，故对学科建设和人才培养，也亲身示范。如其对武汉大学教授王兆鹏的期许是："王兆鹏

① 程千帆著，陶芸编《闲堂书简（增订本）》，上海古籍出版社，2013，第 57 页。
② 万建中：《中国禁忌史》，武汉大学出版社，2016，第 408 页
③ 程千帆著，陶芸编《闲堂书简（增订本）》，上海古籍出版社，2013，第 133 页。
④ 程千帆著，陶芸编《闲堂书简（增订本）》，上海古籍出版社，2013，第 142 页。
⑤ 程千帆著，陶芸编《闲堂书简（增订本）》，上海古籍出版社，2013，第 334 页。
⑥ 巩本栋编《程千帆沈祖棻学记》，贵州人民出版社，1997，第 13 页。
⑦ 程千帆著，陶芸编《闲堂书简（增订本）》，上海古籍出版社，2013，第 154～155 页。

来，望其招到一些好学生，否则也是孤掌难鸣。我在南大留下了七个学生，今其中六人皆已为博导，成为中文系骨干，故成为一种力量。若只我一人亦无能为役也。"① 这种对学科梯队建设的忠告，发自肺腑。程千帆认为如不培养一批梯队人才，优秀的学者也将无法发扬传统，形成一股力量。一些优秀的学者带动的学科后来的不良遭遇，也足证程千帆的先见之明。此外，程千帆对弟子的学术规划和博士论文选题，都是以自己早年感兴趣而觉得大有可为的方向为指导。如其对学生蒋寅的指导，以为："清诗大有可为，幸注意及之，其可开拓之境，或远过唐与先唐。"② 这是 1994 年的预见。20 多年过去了，清代诗歌研究已成为古代文学研究中最为活跃的领地之一，而蒋寅扎根多年，写出《清代诗学史》（第一卷、第二卷）等标杆性论著，业已成为这一领域的典范性学者。

在指导学生的过程中，程千帆不仅依据个人研究经验对学生的学术生涯规划予以指导，还不断反思自身所承继的各类学术传统。如他在给学生吴志达的信中，转达了对吴志达学生陈文新的期望："今后应加强宋、元、明、清文化方面研究。就小说本身研究小说，恐难'广大'。也应加强理论特别是美学方面研究，只重文献学，不重文艺学，恐难'精微'。文献学与文艺学之高度融合，斯文学研究致广大、尽精微之光大坦途也，幸便中告之。"③ 这段话前半部分体现程千帆敏锐的学术眼光，注意到彼时古代文学研究向文化研究的转向，并对当时仍时兴的小说研究抱有警惕，认为格局太小。后一部分则针对整个学术研究，提出自己的反思性见解。他认为古代文学研究应该重视理论研究，这是对自身"清儒朴学"传统有意识的反思。在他看来，文献学的考证功夫自然重要，但想要更上一层楼，则不能不吸纳文艺学的成果。在对自身学术传统的反思之后，程千帆提出"文献学与文艺学之高度融合"，才能推动学术走向广大精微的康庄大道。对自身学术传统的反思性成果，程千帆不仅传授给学生，也将其传达给学生的学生，体现其开放性的学术品格。这是其在治学方法上的"传帮带"。

程千帆不仅注意自己师法的播扬，也希望学生能够转益多师、突破老

---

① 程千帆著，陶芸编《闲堂书简（增订本）》，上海古籍出版社，2013，第 186 页。
② 程千帆著，陶芸编《闲堂书简（增订本）》，上海古籍出版社，2013，第 363 页。
③ 程千帆著，陶芸编《闲堂书简（增订本）》，上海古籍出版社，2013，第 165 页。

师。他的研究生张三夕后来考取著名历史文献学家张舜徽的博士生，程千帆在信中对他说，"张先生治学的范围和方法和我是不一样的，你能从两个老师学习，很幸运的……你一定要把张先生的学问和治学方法学到"。这体现他对学生学习的开放态度，与今天研究生教育中愈来愈看重师承、门规等等相比，何啻天壤。程千帆的观点是："识师之家法，乃能突破成规，自为家法，发之于章是也。"他的终极愿望是学生自成一家。

四 "敬业、乐群、勤奋、谦虚"的内涵

"敬业、乐群、勤奋、谦虚"这八字箴言是20世纪80年代程千帆对博士生教育的总体要求，及至晚年，始终不改。程千帆的遗嘱写道："千帆晚年讲学南大，甚慰平生。虽略有著述，微不足道，但所精心培养学生数人，极为优秀，乃国家之宝贵财富。望在我身后，仍能恪守敬业、乐群、勤奋、谦虚之教，不坠宗风。"① 这里，程千帆明确规定"敬业、乐群、勤奋、谦虚"是他的教育宗旨、宗风所系。"敬业乐群"出自《礼记·学记》，而勤奋、谦虚则是程千帆自己一生受教育和执教经验的汇总。当时莫砺锋以证人身份在这份遗嘱上签字，"大为震撼：程先生是公认的优秀学者，但他竟然把培养学生看得比自己的学术研究更加重要"②。理解这八字箴言，对了解程千帆的"身教"具有重要意义。

尽管八字箴言要求学生各方面齐头并进，但其中最重要的是"敬业"。在程千帆看来，"敬业"要求成事，"拿出东西来"。这也可见程千帆为何将"敬业"放在第一位。他曾说"本职工作不完成，不做好，是于公于私都不利的"③。程千帆此言有针对彼时"吃大锅饭"时代以来人浮于事的状况而言，然而敬业的职业态度，放在今天仍不过时。他曾对学生杨翊强说："世界永远属于乐观的现实主义者、实干家。你现在是要拿出东西来，而不是什么别的。"④ 对于学生抱怨自己一事无成、受人排挤，程千帆重点谈的却是："问题是你没有将业务看成生命线，放在第一位。没有认真对待。没有

---

① 莫砺锋主编《程千帆先生百年诞辰纪念文集》，凤凰出版社，2013，第80页。
② 莫砺锋：《千帆先生二三事》，《中国教育报》2014年9月22日，第3版。
③ 程千帆著，陶芸编《闲堂书简（增订本）》，上海古籍出版社，2013，第47页。
④ 程千帆著，陶芸编《闲堂书简（增订本）》，上海古籍出版社，2013，第45页。

'敬业'。"① 这里，程千帆并非以成败论英雄，而是以成果论英雄。

程千帆特别喜欢"自致隆高"这个词，这个词的本义是指自己将自己修炼得出类拔萃，"使别人认为你是靠自己的工作赢得声誉，而不是靠吹牛皮过日子"②。在《唐代进士行卷与文学》中，程千帆用这个词形容西晋文学家左思。在写给张充和的信中，他自称"生髫年慧异，家境寒苦，而积学蓄德，自致隆高"③，乃将自己生平成就的由来概括为"自致隆高"。通俗而言，就是自己的成就是通过自己的艰苦奋斗得来的。在程千帆看来，只有"'自致隆高'才能免于'赵孟之所贵，赵孟能贱之'。枝大根深，就是将枝干全部砍了，也还会发芽的"④。对学者而言，学术是自己的生命线。故程千帆培养学生时，特别要求他们以此为立身之本。张伯伟曾撰文指出："先师曾勉励我在学术上要'自致隆高'，我想也是这个意思，绝非要人自高自大。黄季刚先生是一个骄傲的人，但他又是一个多么努力的人。直到临死之前还要坚持把没有点完的一部书的最后一卷点完，真正做到'鞠躬尽瘁，死而后已'。"⑤ 程千帆要求学生"自致隆高"，同时却又要求学生不能骄傲，看来相互矛盾，其实内里相通。程千帆早年也曾恃才傲物，为此吃了不少亏。1978 年复出以后，在给学生的信中，他反复引《荀子》中的话说，"'狂生者不胥时而落'，这已为无数次事件所反复证明"⑥。意思是，要学生即便做出诸多成绩，也仍然要保持谦虚的姿态。

至于"乐群"，程先生说的很有层次。比如，他劝学生说，"到了新地方，往事一笔勾，要绝口不发牢骚，显得有气度。"⑦ 他曾引晏殊对王安石说的话"能容于物，物亦容矣"劝告学生，以为在工作环境中，"大体宽容最为重要，能'容'方能'融'"⑧。宽容和团结是程千帆所在意的，但程千帆的宽容，并非毫无原则的一团和气，其内心重情重义，对世态炎凉也

---

① 程千帆著，陶芸编《闲堂书简（增订本）》，上海古籍出版社，2013，第 68 页。
② 程千帆著，陶芸编《闲堂书简（增订本）》，上海古籍出版社，2013，第 374 页。
③ 程千帆著，陶芸编《闲堂书简（增订本）》，上海古籍出版社，2013，第 562 页。
④ 程千帆著，陶芸编《闲堂书简（增订本）》，上海古籍出版社，2013，第 133 页。
⑤ 张伯伟：《读古典文学的人》，载南京大学文学院教学委员会编《南京大学文学院本科学生作品选集 1999—2007》，南京大学出版社，2008，第 324 页。
⑥ 程千帆著，陶芸编《闲堂书简（增订本）》，上海古籍出版社，2013，第 514 页。
⑦ 程千帆著，陶芸编《闲堂书简（增订本）》，上海古籍出版社，2013，第 49 页。
⑧ 程千帆著，陶芸编《闲堂书简（增订本）》，上海古籍出版社，2013，第 66~67 页。

自有主张。如其与武汉大学诸人关系不洽，一般人以为仅因历史问题而起，实则在他对学生吴志达信中，别有表露，云："武大中文系古典文学教研室工作二十年，逮其（指其妻沈祖棻）遇祸惨死，教研室同人来吊者，先生一人而已。此意不敢忘也。"① 这里可见程千帆心中的道德绳尺，恩怨分明，中心何尝忘怀。

程千帆是湖南人，内心原有湘人的自傲和倔强的拼搏精神。他曾对刚评上教授的学生予以告诫："要使人感觉到教授队伍中有了你而光荣，不要觉得自己当了教授而光荣。"② 这可见程千帆独立的自我意识。他十分强调个人自我的拼搏，认为有时为了成事，个体的牺牲也在所难免。"人总要有点精神，郑板桥所谓'咬定青山不放松'，今天所谓拼搏也。郑传寅失在太聪明，不肯吃亏，故难成大器。"③ 这种拼搏的勤奋姿态，即程千帆身上"湖南骡子"精神的体现，也与民国时期耳闻目睹师长的行为密不可分。他对学生曹虹说："我们读书的时候，老师们都这样。季刚先生、辟疆先生都喜游山玩水饮酒赋诗，但如白天耽误了功课（自修），晚上一定补足。当时作为学生的我们，也无不敬佩效法。"④ 积累在程千帆身上的文化传统不断发挥它内在的辐射力。

程千帆有好为人师的一面，他曾坦言："我总想生前把一切应该告诉学生和后学的东西告诉世人。"⑤ 尽管他的教育风格雷厉风行，有时显得专制，如他对诸位弟子说："我不允许你们有任何一点叫人看不上眼的东西，任何一方面都要恪守校纪、法纪，私人生活要注意。"⑥ 但他同时注意师生的交流和沟通，以为师徒之间应该"有什么谈什么，师徒之间互相了解和交流，了解彼此做学问是个什么路子，否则也没法子成为师徒"⑦。这种师徒之间宽松而严格的氛围，正是一位"恩师"所应该创造的条件，这样才能成为

① 程千帆著，陶芸编《闲堂书简（增订本）》，上海古籍出版社，2013，第127页。
② 程千帆著，陶芸编《闲堂书简（增订本）》，上海古籍出版社，2013，第143页。
③ 程千帆著，陶芸编《闲堂书简（增订本）》，上海古籍出版社，2013，第182~183页。
④ 程千帆著，陶芸编《闲堂书简（增订本）》，上海古籍出版社，2013，第517页。
⑤ 程千帆著，陶芸编《闲堂书简（增订本）》，上海古籍出版社，2013，第772页。
⑥ 巩本栋编《程千帆沈祖棻学记》，贵州人民出版社，1997，第78页。
⑦ 巩本栋编《程千帆沈祖棻学记》，贵州人民出版社，1997，第78页。

一位有能力满足学生期待并规训学生的教师①。

程千帆是 20 世纪中国古典教育的一位典型人物，在他身上既有渊源自古典时代的士大夫传统，又有清儒的朴学传统及民国高校教育传统，同时也夹杂 20 世纪 50 年代以来马克思主义的教育实践，这使得研究程千帆的教育理念和实践变得复杂。不过，由"知人论世"和"听言观行"的角度出发，可以窥探到程千帆身上传统的深度，及其将这种传统以"身教"弘扬而出的教育魅力。他将教学视作师徒之间的手艺传习，既有手艺人的严格规训，又不乏温情的教化实践。受益于他的"身教"，其学生在高校系统中均能在教学和科研上做出出色的成绩，并继续培育一代代人才。通过培育人才，程千帆"行道救世、保存国粹"的古道热肠式理想基本得以实现。这样一位从磨难中走出的文化老人，最终以坚忍不拔之志在教育园地实现自己的理想。其教育之旅的最终归宿与伟大的先师——孔子殊途同归。因材施教、言传身教等词语并不足以完全归纳程千帆的教育手艺，不过可以确定的是其教育手艺与身教一样，都渊深如海。何以形容？其乡先辈谭延闿所撰联语似可涵括："天远已无山可隔，潮来真见海横流。"②

① 〔日〕黑岩祐治著，王军译《全世界都想上的课——传奇教师桥本武的奇迹教室》，教育科学出版社，2018。
② 李肖聃：《星庐笔记》，岳麓书社，1983，第 79 页。

刘于浔与曾国藩：军事助力、
经济支持与日常交际

廖太燕*

摘　要：刘于浔与曾国藩关系密切：他统领"江军"取得的胜利和布防江西给予曾氏强力支持，他参与主持的江西厘金局为湘军军费的筹措立下大功，而曾国藩亦待其甚厚，常有书信互通，为其申言、辩诬等。

关键词：刘于浔　曾国藩　湘军

查阅《南昌梓溪刘氏家谱》可知，刘于浔，榜名于淳，为避圣讳（同治帝载淳）改名为浔，字其穆，又字杰宜，号养素，别号泃初，生于丁卯（1807）十一月二十二日。道光辛巳（1821）科乡试第二十二名。甲辰（1844）大挑一等分发南河以知县用。戊申（1848）补江苏清河县知县，并加同知衔。己酉（1849）升扬州府扬河通判，庚戌（1850）加运同衔。咸丰癸丑（1853）丁内艰在籍。"督办团练，援剿粤逆"，保以知府。乙卯（1855）赏加道衔，统领水师"江军"。丙辰（1856）军机处记名，遇有道员缺出，请旨简放，并赏戴花翎，加"图萨大巴图鲁"勇号。丁巳（1857）补授甘肃安肃道，又加按察使衔。戊午（1858）加布政使衔。己未（1859）交部从优议叙。辛酉（1861）以按察使记名简放。同治元年壬戌（1862）补授甘肃按察使司，甲子（1864）以布政使遇缺题奏，丁卯（1867）肃清案内奉特旨赏给三带一品封典。殁于光绪丁丑（1877）五月十三，赠内阁学士，奉旨入祀专祠。诰授光禄大夫。①

刘于浔、曾国藩的最初晤面已经难以考索，根据朱东安《曾国藩幕

---

* 廖太燕，文学博士，江西行政学院副教授。

① 《南昌梓溪刘氏家谱》第三册，江西高校出版社，2019，第576页。

府》，刘氏与邓仁堃于咸丰五年（1855）正月正式入幕，主要原因是咸丰四年湘军水师炮船被太平军封死在鄱阳湖内，危及曾国藩自身的安全，使他认识到无辅重船只难以自存。咸丰五年正月十二日，曾国藩与地方官员商议，设立船厂，重整水师，委任在籍候选知府刘于浔负责船厂事务，邓仁堃整理炮船，支应各局。① 虽然咸丰八年该机构被裁撤，但刘、曾的关系得到延续，他们间的联结大体上包括以下几个层次。

一 刘于浔为曾国藩提供直接的军事助力

刘于浔管理水军后效果明显，具备较强的战斗力。咸丰五年（1855）十一月二十一日，曾国藩谈到九、十月间，石达开、胡以晃率太平军横扫江西，多次击败官军，十分令人头疼，他认为必须"厚集劲旅"，不然不足以堵剿，决定将自己带领的部队、罗泽南军，以及江西水师重新调遣布置。其中谈到"江省水师，系河南候补知府刘于浔统带。八九月间，随臣扎泊南康。后因茶陵股匪窜至安福，臣调刘于浔带水师至吉安防堵。旋因万载、新昌先后窜陷，署抚臣陆元烺又调刘于浔至樟树镇防堵。今石逆大股攻陷瑞州，臣恐江西水军过于单薄，又在青山楚军水师内抽调贺虎臣一营，带战船三十号，驶赴省河，与刘于浔协同防守，梭巡上游一带，无使该逆东渡，直薄省城"。②

次年，刘于浔率军打了几次胜仗，正月初二击退进攻樟树镇的太平军，四月二十日克丰城，九月二十五日攻下新淦等。八月七日，曾国藩有《水师迭获胜仗折》记录七月一日、二十七日，刘于浔带领李鸿泰等指挥战船多次击退太平军的攻击，刘氏统带水师以来"无战不胜，以寡御众"，故吁恳赏赐戴花翎，以资鼓励。③ 十二月二十三日曾氏又上《刘于浔水师叠次胜仗折》，谈到刘军驻扎樟树镇，叠次击败瑞河、临江、河口太平军船，夺回上游锁钥新淦。九月末夺得大木排一次，船炮两次，十月初焚毁太平军路卡两次，击败太平军对樟树镇的反扑一次。抚州一役官军战败，临江太平

① 朱东安：《曾国藩幕府》，辽宁人民出版社，2018，第 68 页。
② 《曾国藩全集（1）·奏稿》，岳麓书社，2011，第 562 页。
③ 《曾国藩全集（8）·奏稿》，岳麓书社，2011，第 137~138 页。

军日增，樟树镇警报频传，夺回的新淦县城缺兵把守又让太平军占据。十月二十一日，刘于浔督带战船十五号，飞划十二号，黄夜突袭。曾氏详细地记述了刘于浔、蔡康业等在这场战争中的表现，称赞刘氏"自督带水军以来，劝捐供支，不尽取之官帑。战则身先，功则归人。军心民心，乐为效命"。尤其是临江、抚州之战，刘氏以水陆两千扛住了三倍于己的太平军，实在谋勇兼优，特吁请赏加刘氏"巴图鲁"名号。①

刘于浔领军多次获胜大大地支持了曾国藩的军事行动，赢得了曾氏的青睐。咸丰八年（1858），刘于浔因战功显著而补授布政使衔，六月二十四日，曾国藩复函刘氏，首先对其特晋头衔表示祝贺，谈及本月三日奉令谕到浙江办理军务，遂于七日起程，十二日到杭州，十九日乘舟东下前往湖北与诸军会合，筹商进剿事宜。听闻刘氏驻防饶州，而自己入湖口后欲往芝阳，特问询是否预约会晤。② 是年十月后，曾国藩数次致函刘氏，或问询饷银是否充足，或商讨如何进兵景德镇，或分析战况，辨析水师的优势与劣势，或告知因弟弟曾国华被杀的焦灼与悲伤，或劝慰失利时要宽怀自慰，无过闷损，处艰难之局，气度、心态十分重要。

曾国藩看重刘于浔对于江西防务的关键作用，如咸丰十年（1860）正月二十日，他谈到不主张刘氏出境与太平军交战，并非怯敌，也非担心刘军不精劲，而是皖南的太平军随时窥视江西，刘氏驻守江西的东北境，日日操练，意在锻造成劲旅，万一太平军进犯江西，以刘氏之全力加上上饶、景德镇和浮梁的驻军，战纵不足，守则有余。让已经平定的江西不再受到太平军侵扰，才不枉过去六七年的苦战。③ 曾国藩也常在如何合理使用"江军"的问题上据理力争，同治元年（1862），太平军大举进攻浙江，闽浙总督庆端奏奉谕旨，调刘军去援助，浙江被攻陷后仍然屡次檄催，刘于浔具禀请示曾国藩。二月十二日，曾氏会同江西巡抚李桓上奏《刘于浔未能赴浙片》，陈明此要求不合理，况且自江西到浙中，隔山一座，陆路八十里，过山后河小岸高、滩浅水急，利陆军而不利水师，刘部仅有水师。刘氏管理水师六七年间，操练日精、威望日著，多次苦战获胜，有功于桑梓。江

---

① 《曾国藩全集（9）·奏稿》，岳麓书社，2011，第62~65页。
② 《曾国藩全集（22）·书信》，岳麓书社，2011，第620页。
③ 《曾国藩全集（22）·书信2》，岳麓书社，1994，第1222页。

西境内水路六百余里即由其严防，以免太平军从水路窜入，江西本省已无防军，幸有刘军水勇率土著防守得力，留在江西则驾轻就熟，赴浙则弃长就短，毫无补益。庆端不了解现实情况，主张抬船、抬炮过山，属于无阅历之言。故刘军应当留驻，分防河面，保全太平军势力薄弱的江西。① 不日，朝廷补授刘于浔为甘肃按察使，按例须先进京陛见，再前往兰州。三月十八日，曾国藩复刘于浔，对他得到升迁表示祝贺，惋惜江南一带的防务难以找到合适的替代人选，提及江西巡抚沈葆桢会奏请让刘氏留下，这既能满足刘氏的拳拳桑梓之情，也有助于维护军事上的便利，以有效对抗太平军。② 六月六日，曾国藩与沈葆桢会同上奏《请刘于浔暂缓赴甘肃臬司任片》，谈到刘氏在江西本籍管带水师，攻守八年，战功卓著。现今浙江吃紧，江西边境戒严惟恃刘军，势难令其赴任，而且该军多系江西土著，无员可以接管。故请旨敕令陕甘总督，甘肃按察使一缺遴员署理。一旦警情缓解，再行奏请陛见。③ 七月一日即有明谕，同意刘于浔缓赴甘肃臬司任。

二　刘于浔协助曾国藩办理湘军饷银

自湘军建立以来，曾国藩就因军饷物资等问题与湖南、江西、安徽等地地方官矛盾不断，假使地方督抚强势，他往往落入下风，为此忧心。据资料载，后任湖南巡抚的陈宝箴即调停过易佩绅与湖南布政使恽世临，曾国藩、席宝田与沈葆桢之间的争议，可见此问题之普遍与严重。

同治初年，曾国藩、曾国荃和鲍超的军队，包括进入江西的左宗棠军均由江西供饷，这给当时即便相对富庶的江西也造成巨大的压力。起初，厘务事宜由江西地方当局办理，也算顺利，税收稳定，不久收入减少了，商民抱怨多了，而左宗棠直接征收厘金却相当充足，曾国藩认为是省厘金局有人贪污，主管官员鞭长莫及，难以发现，或厘卡人员敲诈勒索，导致商人绕道，遂决定亲自经理厘金，不委托地方官代办。江西巡抚李桓被弹劾离职之后，建立了由曾国藩、孙长绂和刘于浔共同管理的江西牙厘总局。

① 《曾国藩全集（4）·书信》，岳麓书社，2011，第 23 ~ 24 页。
② 《曾国藩全集（25）·书信》，岳麓书社，2011，第 146 页。
③ 《曾国藩全集（4）·奏稿》，岳麓书社，2011，第 344 页。

随后，林则徐女婿能员沈葆桢出任江西巡抚，他在政治资源与能力上均出类拔萃，强硬而有主见，与曾国藩在税收抽成等问题上意见不一，沈氏要求多留税银以保证地方行政或事业建设，而曾氏主张增加军饷，两人形成了尖锐的矛盾。曾国藩于是派本地人刘于浔出面解决此类问题，如同治二年（1863）十一月四日，他在复刘氏函中谈到江西布政使孙小山派范泰亨前往会办事务，又派颇得沈葆桢认可的朱紫卿查办盐卡，自己也派了数人去办理，恐各人贤愚不一，或办理不善，故请刘氏随时示及，以免决裂。① 十二月二十五日，曾国藩复刘于浔，先谈到南北大营的战况，又论及江西的防务，太平军残部可能从宁国，或旌德、太平两路逃窜，计划派金逸亭、毛竹丹等统帅七千人与席宝田等军队会合，防止太平军深入。而厘局、盐卡迭次滋事，办理不善，已次第裁撤，刘氏提及的问题值得重视，已有多人致函言厘务一事，劝曾氏崇尚宽大，除去苛细。曾氏素以爱民自诩，自然听从，他认为范泰亨对问题的论述最为恳切，因此逐条议复，并抄呈刘于浔览看。② 在刘于浔等人的转圜斡旋之下，湘军的饷银问题顺利得到解决，据学者研究，曾氏四年间共向江西解银七百余万两，保障了军需供应。

三　刘于浔与曾国藩之间的交往

同治二年五月二十二日，刘于浔在小港行营得知父亲逝世，立刻返乡治丧，曾国藩有吊唁函：

养素尊兄年大人礼次：

前闻年伯大人锦堂弃养，骇惋实深。军事倥偬，未即奉唁。七月杪接到讣函，借悉倚庐读礼，哀敬备臻。凤谂纯孝性成，奄忽遭闵，其为摧迫，如何可言！惟念年伯大人望重江乡，庆流家弄。龙纶锡美，跻二品之崇阶；鹤算延釐，开九旬之上秩。江西遭乱以来，无论富贵寒贱，家家荡析分奔，穷年转徙，莫得安居，独尊府聚处中州，楼台完好，鸡犬不惊。虽切近省会，而僻若桃源。又目睹阁下建立奇勋，

---

① 《曾国藩全集（27）·书信》，岳麓书社，2011，第266～267页。
② 《曾国藩全集（27）·书信》，岳麓书社，2011，第375～376页。

肃清桑梓，门户则钟鼎勒铭，孙曾则环瑜耀彩，诸福毕集，夫何遗憾！尚冀加意珍摄，勿过毁伤，上答高厚之恩，下慰军民之望，是为孝之大者耳。弟驻军皖垣，未获躬亲奠醊，谨具联幛各一，薄赙一函，聊代牲醴，寄呈灵右，用申吊鹤之忱，借慰皋鱼之戚。专泐。奉唁孝履，祗问礼安。不备。①

刘于浔因丁父忧和生病，留在江西，未参与围攻天京城。湘军攻下天京后，刘于浔去信祝贺。

同治三年（1864）七月十六日，曾国藩复函指出金陵之克乃上托天威、旁资群力，本人碌碌无功可表，反而称赞刘氏"典率犀军，屡平鲸浪，珂里共叨夫保障，瑶闻迭贲夫恩荣。兹复墨绖临戎，扫余氛于樟水；即看紫纶锡命，拜真授于薇垣"②。八月十七，曾国藩复刘于浔，谈到两次接到手书，极为感谢，接着指出抚州大捷全赖水陆大军，尤其是刘氏累月勤劳，驱除强敌，令人感佩。听说刘氏身体违和，初五即回省城，想必已安然抵达，望请保证身体。后又谈到自己践入戎行已久，凭朝廷威福、将士苦战才攻下金陵，何功之有？友人的过情之誉让人感愧交并。③

朝廷为削弱湘军的势力，采取了分化的手段，同治三年（1864）十月初，刘于浔接上谕赴甘肃履任，素有声名的江、楚诸军被派往西北。刘于浔致函曾国藩，嘱咐代请病假，开缺终制。二十三日，曾国藩复刘氏，说到听闻玉体违和，刚回省城就医又匆匆回抚州巡防，击退太平军，忠忱之心、劳碌之态，令人感佩。朝廷将东南劲旅调往西北，有不得已的苦衷。正当自己踌躇是否代请之时，得知沈葆桢已据情代奏，或能如所愿。④ 十二月六日，曾国藩复刘氏，谈到自己接受了沈葆桢的咨询，已将实情全部告知，由沈氏代奏一疏。近来得知已得恩准不必去兰州，可继续驻扎江西，保养身体，亦为可祝贺之事。⑤

围剿太平军残余势力的同时，曾国藩又负责剿杀捻军，同治四年

---

① 《曾国藩全集（27）·书信》，岳麓书社，2011，第 106 页。
② 《曾国藩全集（28）·书信》，岳麓书社，2011，第 64 页。
③ 《曾国藩全集（28）·书信》，岳麓书社，2011，第 109~100 页。
④ 《曾国藩全集（28）·书信》，岳麓书社，2011，第 207~208 页。
⑤ 《曾国藩全集（28）·书信》，岳麓书社，2011，第 267 页。

（1865）闰五月十八，曾国藩复函刘于浔，就其赞语表示惭愧，指出自己精
力衰颓无力当重任，但事会所乘不得不勉力为之。五月底自南京起程，因
多支军队尚未到齐，皖南诸军又在闹饷银，所以行动较迟。山东肃清后，
捻军聚集安徽北部，异常危急。待安徽事定，再往徐州，相机调度，是战
是守，得规划后再定。① 同年九月八日，李鸿章上奏刘于浔因丁父忧，兼陈
病状，从同治二年五月二十二日至四年八月二十二日，已经服满，循旧例
请奏俟军务告竣，病体就痊，即行驰赴阙廷，跪听圣聆。刘氏统帅水师多
年，积劳最久，有功于桑梓最多。现有大股太平军残余逼伺江西境内，而
江西水路纷歧，陆军赖此倚护，既然他病体未痊，照例在营先行起复，俟
防务大纾，宿疾痊愈，再行交卸北上。② 因此，太平军残部成了曾国藩、刘
于浔讨论的话题，八月二十三日，曾氏复函谈到本月初到徐州，重新整顿
了军队，分别汰留。捻军游弋于河南南阳一带，四处回窜，进剿能否得手
殊无把握。他终而感叹，太平军残余尚未削除，江右边防仍棘手，何时才
能一洗尘寰兵甲之污。③

在日常生活中，曾国藩、刘于浔的交流也多，他们在重要的节日均有
互通，曾氏在书信中称刘氏为"养素尊兄年大人阁下"，自称"年愚弟曾国
藩"，尊敬有加。曾国藩多次强调刘氏要改掉对自己的尊称，如同治四年三
月三日，他谈及二人辛巳乡科同谱，刘氏所用尊称让自己不安，屡次面求
更改，未蒙俯允。而称谓过当令人悚仄无地，希望以后来往书简改作谦称，
此无损三十余载的年谊。④

同治五年（1866）九月二十七，曾国藩致函刘于浔，作中秋答谢，大
致表示了对刘氏战功的钦佩，江西等地平复的欣喜，以及自己未能为朝廷
进一步分忧的歉疚之情。⑤ 同治六年春节，刘于浔致信祝贺年禧，曾国藩复
函对其来书表示感谢，又言近来兵戈消弭，国泰民安，乃是国人之福。

同治七年（1868），有人弹奏江西水勇虚糜饷项，请查明裁撤，言称刘
军口粮均由其一人经管，藩司无从过问，弊端不可枚举。不久，上谕着江

① 《曾国藩全集（28）·书信》，岳麓书社，2011，第508页。
② 《李鸿章全集（2）·奏议2》，安徽教育出版社，2007，第289页。
③ 《曾国藩全集（28）·书信》，岳麓书社，2011，第688~689页。
④ 《曾国藩全集（28）·书信》，岳麓书社，2011，第368页。
⑤ 《曾国藩全集·书信8》，岳麓书社，1994，第5967页。

西巡抚刘坤一饬令刘于浔将历年支销款目，详细造册报销，如有侵冒浮开情弊，据实参奏。而江西军务已经肃清，水勇亦应即裁撤，以节饷需，如仍须留船作巡缉之用，则由刘坤一另委妥员管带。所有勇粮支放，归藩司经理，以符定制。所有支应水勇的数处厘局，查明后再决定是否裁撤归并。刘坤一当即派何应祺接统江军水师，饬牙厘总局裁撤了七处厘卡，该军军粮由总局支放，该军炮船分派各属河道，来年再裁撤数营。经查实，刘于浔并无虚报、少报之咎，无侵冒缘由。最后，刘坤一对刘于浔有总结式叙述："臣查刘于浔所带江军水师，历年防剿临、吉、樟树等处，转战十年，频摧巨寇，历克坚城。同治三年，侍逆率数十万众，猛扑抚郡，该员率师扼守文昌桥，昼夜苦斗，力解重围，抚州既得转危为安，省垣亦赖以屏蔽，厥功甚伟。迨后军务虽已告竣，而游匪所在多有，该营炮船分派沿江弹压，诘奸御暴，昕夕梭巡，匪类屏迹，行旅以安，是该营尚属得力。至抽收厘金，均经按月报明牙厘总局，支放勇粮，亦皆造报善后总局，现经司道查明，并无侵冒浮销情弊，实有案据可凭。该员年逾六旬，先曾屡次因病告退，兹已另委妥员接带，此外亦无经手未完事件，应请免其置议。"①

刘于浔被弹劾引起了正直士子的愤慨，不少人为其辩护，而曾国藩采取了一种迂回的方式，同治八年（1869）九月十四日，曾国藩复函刘于浔，谈到上年冬天接到刘氏承示被弹始末之信，因首途北上，俗务倥偬，裁答稍稽。现接赐书得知刘氏将前事免议归美于自己，特表谢意，不免愧怍。他强调刘氏带兵十余年，遭遇各种艰险，万死一生，即便有过，也在议功之列，宥其不逮，何况根本无过。自己只是在大家面前陈述刘氏所涉猎的艰危之状，在庙堂之上毫无陈说，因此不敢掠美，而厚诬君子。② 确实，曾国藩本人当时深陷教案旋涡，不好亲自出面辩正，所以通过不断向其他官员赞誉刘氏的方式而达到支持的目的。

同治十年（1871）春节，刘于浔致函曾国藩祝贺新春，三月初七曾氏回信，先是一番瑞语佳言，谈及回到江南转眼又是一年，近来晕眩之疾未发，目光却日益昏蒙，军政吏治未整饬，江海防务茫无端绪，以衰病之躯

---

① 《刘坤一奏疏》，岳麓书社，2013，第 204～206 页。

② 《曾国藩全集（31）·书信》，岳麓书社，2011，第 26 页。

当大任，不免羞惧。① 同治十年五月三日，曾国藩复刘于浔，首先感谢刘氏赠送空青药石，谈及右眼失明一年，左眼日益昏蒙，屡屡试药无效果。此前得人送来空青一件，并无作用，年老本元亏损，势难康复了。本年春天更添疝疾，所幸很快好了。夫人身体也不好，屡次濒危。上月本该出巡补阅营伍，因病无法外出，忝居高位，不免惭愧。谈及刘氏手足肿痛，当是脾湿所致，年纪大了须加意调摄，不能远劳旌从，跋涉江湖。② 同治十一年（1872），曾国藩逝世，刘于浔赠痛挽："秉节历三朝，门下属僚多将相；违颜才两月，座中师傅竟神仙。"

综观之，曾国藩与刘于浔的交往涉及方方面面，加以梳理可以了解他们的生平轨迹，辨明近代史上的某些重要事件，而通过细节的呈现又可映照出中国历史发展的脉络。

---

① 《曾国藩全集（31）·书信》，岳麓书社，2011，第 455 页。
② 《曾国藩全集（31）·书信》，岳麓书社，2011，第 506 页。

辰州府救生局与清代沅江水上救助事业研究[*]

杨　斌[**]

摘　要：清代沅江水运繁忙，商旅往来频繁，辰州府沅江段险滩矶石众多，在地方官绅的努力下，沅江水上救助事业应运而生。辰州府救生局根据沅江水情，于各险要之处设置分局，并且逐渐形成了自身独特的管理与运营机制，救生局肩负救生、收瘗、捞捡、凿石修滩职责，为保障清末沅江水上运输安全做出了不小贡献。

关键词：清代　沅江　辰州府救生局

清代水上救助事业作为一项特殊的慈善事业，近年来已引起一些学者的关注①，现有成果主要集中在对长江及其支流所设水上救助组织的研究。本文主要利用档案文献和地方志，对清代沅江辰州府救生局的船只设置、分布、运营维护及所开展的救助活动做复原并总结其社会成效。

一　沅江水情与清代辰州府救生局的创设

沅江发源于今贵州省都匀市，流经湖南省境内洪江市、中方县、溆浦

＊　基金项目：湖南省湘学研究院 2017 年课题"清代沅江水上救助事业研究"（17XXC10）。
＊＊　杨斌，湖南省社会科学院文献信息中心助理研究员。
①　目前所见，蓝勇、杨国安、杨斌、吴琦、范然等学者有所涉及。参见蓝勇《清代长江上游救生红船制初探》，《中国社会经济史研究》1995 年第 4 期；《清代长江上游救生红船制续考》，《中国社会经济史研究》2005 年第 3 期；《清代长江红船救生的地位和效果研究》，《中国社会经济史研究》2012 年第 3 期。杨国安：《救生船局与清代两湖水上救生事业》，《武汉大学学报》（人文科学版）2006 年第 1 期。杨斌：《清代洞庭湖水上救助事业与社会成效研究——以岳州救生局为中心》，《社会保障研究》2015 年第 4 期；杨伟兵、杨斌：《清代皖江水上救生事业初探》，《苏州大学学报》（哲学社会科学版）2018 年第 3 期。范然：《镇江救生会始末》，《镇江高专学报》2002 年第 1 期。祝瑞洪、庞迅、张峥嵘：《京口救生会与镇江义渡局》，《东南文化》2005 年第 6 期。著作方面，徐华主编的《救捞文化》（人民交通出版社，2009）一书对古代救捞文化做了一个简略的回顾。

县、辰溪县、泸溪县、沅陵县、桃源县和常德市等县市。沅江流域南北长、东西窄，略呈自西南斜向东北的矩形，地势上跨越我国第二、第三级阶梯，大部分区域为山地丘陵地区，上游分布有苗岭山脉，两侧分布有武陵山、雪峰山两大山脉。沅江干流沿岸多崇山峻岭，峡谷多，险滩多，水流湍急。流域总体地势西部、南部和西北部高，东部、东北部低，海拔差异较大，上游海拔 1000~2000 米，河口区海拔仅 30~40 米①。

《辰州府救生局总记》之序云："今辰州府地也，百泉沸流，五溪汇注，扼黔蜀之要津，据瓴甓之险胜，长滩急湍，鳞次栉比，怪石森排，恶矶踵接，势奔腾如电掣，形蜿蜒若龙游。行舟既莫可缁维，触石即摧成齑粉，震魂动魄，闻者戒心。昔人谓瞿塘滟滪险若天堑比方之，复何多让？"② 沅水险滩堪比瞿塘，足见沅水之险。"自武陵而西皆滩河，其险惊心。沅水中，滩势险绝数十百处，其最著者莫如清浪滩黄丝滚洞。"③

20 世纪 30 年代，曾有专人对常德至洪江段沅江的险滩进行调查，调查报告称："船过界石上行为辰州管辖。界石上行十里到毛里湾，此处出盗。又前进五里达雍子洞，滩凶水猛，须加纤夫，极危险……再进五里到施容滩，凶险……再五里到清朗滩，乱石极多，滩凶流急，须加纤……再十里过船鼻子滩、塘口滩，这两滩均凶险……又十里达麻布溪、碣滩。此滩极凶险，须加纤……再十里达扰滩，此滩甚长且凶险……再十里到杨家塘，此地盗匪常出现抢劫……再进十里抵九矶滩，极凶险，须加纤……又十里达高溶洞，滩长凶险，须加纤……船从沅陵上行十里至果双江……又十里至沙子滩，此处出盗……再行二十里抵山州，滩长凶险，常有强盗抢劫……从泸溪出船……再十里到杀人溪，此地出盗……辰溪行船……再十里达跑马滩、辰州滩，极凶险……前进达龙头庵、米芦溜滩、斜滩、狮子岩，此处凶险……庙湾、铜湾常有土匪一船抢劫。"④ 从调查来看，沅水中下游险滩集中分布在辰州府境内。

---

① 长江水资源环境保护科学研究院：《沅江流域综合规划环境影响报告书（简本）》国环评甲字第 2602 号，2013 年 6 月。

② 刘曾撰编《辰州府救生局总记》，清同治十二年刻本，第 1 页。

③ 田雯编，罗书勤等点校《黔书》，贵州人民出版社，1992，第 435 页。

④ 民国《常德至洪江航行经过市镇、滩险的调查》，载政协洪江市委员会学习文史委员会编《洪江文史》第 7 辑，1997，第 74~75 页。

　　除了险滩，盗匪横行也是沅水水上交通的一大阻碍。清同治辰州知府刘曾撰上陈《请除辰河积弊筹款作经费禀》中直言："辰河青浪各滩，既险且长，行船每多失事，各处匪徒勾通滩头水手人等，先则藉端勒诈，继则乘危抢夺，甚至船甫触石，藉以搬救为由，将船踏沉者，又有雇拉短纤，故意松放，致船触石沉溺者。客船失事，船货即为匪徒所得，勒赎乃其余事。汛兵差役均各贿通，甚至不肖绅士亦收有常规一体庇护。"① 本应是水上安全守护者的滩头、水手，竟与匪徒勾结，轻则勒索敲诈，重则故意致船触礁沉没，借以牟利。故辰州有"青浪横石不种田，只要客人多翻船"之谣。

　　作为传统社会纵贯湘西、沟通中原与西南地区的交通大要道，沅江长期以来是商贸往来、人员迁徙的主要通道。明清以降，随着沅江流域开发的逐步深入，沅江工农业生产规模扩大，商品经济活跃度明显提升，水上运输业也获得了长足的发展。但是沅江复杂多变的河流自然特征和劫匪猖獗，给过往船只带来较大的安全隐患，对航运影响甚大。

　　清人菊如于道光十七年（1837）冬经江西、湖南前往云南普洱赴任，在他所撰的《滇行纪略》中，详细记载了由长江进入沅水的行程：腊月二十日到达常德府，次年正月廿四日到达镇远府，竟用了 34 天的时间②。

　　据记载，"由常德水路至镇远者，于西门觅舟，大者曰辰船，容二十余人，至辰沅而止，小者曰艁船，容三四人，可溯五溪直达潕水，逆流牵挽，层累而上，计程仅一千二百里，然滩多石险，一月方可达"。③ 自辰州府辰阳驿以上，"第舟行则湍急险峻，水多乱石，陆行则重嗣曲陇，车难方轨"④。是以"往来舟楫多罹其患"⑤。

　　直至清末，这些险滩矶石依然是商旅往来沅江之上的最大阻碍。清光绪二十八年（1902）年初，满族官员崇谦赴云南南安州就任，经洞庭湖进入沅水。他在日记中，生动记录了于瓮子洞遇险的经过："（十四日）十里

---

① 刘曾撰编《辰州府救生局总记》卷一《禀牍批移》，清同治十二年刻本，第 9 页。
② 菊如：《滇行纪略》，清抄本。
③ 徐缵曾撰，戴文年等主编《稀见西南丛书文献·滇行纪程摘抄》，兰州大学出版社，2003，第 259 页。
④ 康熙《沅陵县志》卷四《山川》，清康熙四十四年刻本，第 2 页。
⑤ 同治《沅陵县志》卷十二《仓储 附育婴救生》，清光绪二十八年据清同治十二年刻本补版重印本，第 16 页。

瓮子洞滩。此滩甚险，水狂溜急，湾作弓形，涛声汹涌，宛在海中。余抵是上滩时，少牧船居前，子清船居中，余船在后，两船俱上，余船随之，纤夫急负上前，将纤兜在子清船尾舵上，磨折，余船随流退下，势甚危急。幸后来一船，舟子即将彼纤扯住余船，始顺轨倒行，急抛锚，而滩砾石底不能抓，余与如馨虔诵《观音经咒》，船始停住，舟人始得从新收拾复上。嘻，危哉！险哉！"①

为保障来往商旅安全，在受技术与财力的限制而无法对水道实施大规模整治的传统社会，疏浚河道，于险滩恶矶之处设置救生船，对遇险船只进行救助成为地方社会应对之举。辰州府的瓮子洞地势险峻，"船行无从牵曳者数十里"②。来往船只难以行进，加上险滩重重，商旅视为畏途。自明代，辰州地方曾多次制造铁索，便利拉纤行船。"明百岁翁廖善人汉文制铁索数百丈，凿孔系所，舟行始利。本朝康熙初岳常道迟日豫捐资重制；嗣辰州府知府刘应中又重制；道光年间铁索俱折毁，知府方传穆出，里人黄凤善前捐铁二千余斤，并捐廉若干，谕庠生许文耀董其事，重制铁索数百丈，雇石工凿纤路，较旧倍宽。越数月，工始竣，行者称便。"③ 多次建造铁索的记载，足见地方社会对河道险滩治理的重视。其效果也是比较明显的，如康熙辰州知府刘应中"重修瓮子洞铁链，商贾仰赖"。④

除了建造铁索，便于牵引船只，辰州府还对恶矶险滩进行了清理。清道光年间，沅陵县令洪庆华计划凿石修滩，无奈经费不济，只得作罢。

为保护往来商旅，维持治安，辰州府还在每处险滩设置滩头，滩头劳役负有救生捞尸、绥靖地方之责。不过随着时间的推移，滩头不仅没有起到应有的作用，反而阻塞商旅。"从前每滩均有滩头，行旅至此，均任其需索，万一船有不虞之遇，小者偷窃，大者抢夺，而蠹役地棍复有包滩之费，为害行人，莫此为甚。"⑤从盗窃到抢劫，从公益事业转为权力寻租，滩头逐渐转为地方一害。"一遇舟人失利，非乘危攫抢，即勒赎分肥，甚至舟次

① 崇谦：《宦滇日记》，载谢本书主编《清代云南稿本史料 上》，上海辞书出版社，2012，第387页。
② 康熙《沅陵县志》卷四《山川》，清康熙四十四年刻本，第8页。
③ 同治《沅陵县志》卷四《山川》，清光绪二十八年据清同治十二年刻本补版重印本，第29~30页。
④ 乾隆《正定府志》，上海书店出版社，2006，第200页。
⑤ 刘曾撰编《辰州府救生局总记》序，清同治十二年刻本，第5页。

江心，甫经搁浅，辄敢蜂拥上船，恣意践踏，致令舟覆货沉，藉为利薮。其积害，胡可胜言。"①

有鉴于此，清同治五年，辰州知府刘曾撰甫一上任，便"延访耆旧熟悉情势者，亟谋革除恶习"。同年五月十三日，辰州府地方绅士联名上书，陈明设置救生船"刻不容缓"，恳请"凿石修滩，并造制救生船只"。对于所需经费，地方绅士建议或由沅水已设水卡所抽取的成税当中，"择其生意大庄者，节取十分之一，其他小庄零货，概不摊捐"。② 以三年为期，待经费充足后再行停止。或者在附近水卡之盐关地面设立公局，收取费用。

同时，客寓辰州的外地商户也于五月二十七日禀请地方官府于泸溪、辰溪、溆浦三县之中选派合适的绅士劝办经费，并于郡城盐关河下"制造坐船，设立捐局，凡遇过往客船，按货摊捐，船只生意大庄者，照关票只取十分之一，其余小庄零货，概不摊捐，庶为集腋成裘之举，则源源劝办经费有资，一俟三年捐满，制产权息"。③

接到绅商禀请后，辰州知府刘曾撰即向抚部院暨臬藩巡捐输局宪暨督宪盐粮厘金局宪呈请设置救生船，并以郡城的育婴堂兼作救生堂局，至于经费筹措，"先行倡捐，以次在商船上下附于厘金局内择其生理大者，如完厘金，十千文捐收救生经费钱一千文，其小庄零货，完厘在千文以下者，不取捐资，议以三年为度，将捐集之项，或置买田产，以利息作救生船只经费，或为凿滩之工本"。④

辰州府筹办救生船之举获得了督抚部院的支持，并派专员赴辰，协助辰州府救生局筹设事宜。继而救生船只陆续打造完毕，于盐关抽捐救生经费，并设置救生局，订立救生局章程。

在刘曾撰的有力推动下，沅江水上救生事业进入了一个全新的阶段，新式救生船只营造到位，并根据辰州沅水的具体情况，进行了合理布置：

"于岔汆派船二号，横石派船二号，青浪上下派船四号，瓮子洞派船二

① 刘曾撰编《辰州府救生局总记》卷一《禀牍批移》，清同治十二年刻本，第 1 页。
② 刘曾撰编《辰州府救生局总记》卷一《禀牍批移》，清同治十二年刻本，第 2 页。
③ 刘曾撰编《辰州府救生局总记》卷一《禀牍批移》，清同治十二年刻本，第 4 页。
④ 刘曾撰编《辰州府救生局总记》卷一《禀牍批移》，清同治十二年刻本，第 6~7 页。

号，设立分局四处，七年覆添九矶滩一号，此一号均归横石局照料。"①

其后，辰州府又对救生船只设置地点进行了扩充，并增加了险滩救生船只数量。"新章议定岔汆滩散船，准其六只；九矶滩准其四只；横石滩准其六只；北溶滩准其四只；青浪上下滩各准六只；中滩准其八只；瓮子洞滩准其六只。"②

辰州府沅江河段水路里程为 495 里（根据民国《常德至洪江航行经过市镇、滩险的调查》一文数据统计），却于 7 处设置救生船只，救生船数量更是达到了 40 只，如此高密度的救生船设置在清代内河内湖救生事业中极其罕见。

二 救生局经费筹措、运营及管理

作为一项特殊的公益事业，水上救生事业对资金保障要求比较高。从辰州救生局的发展历史来看，其经费来源主要由政府筹措和民间捐资两部分构成。

经历了道光朝因经费不敷导致凿石疏浚之举失败之后，清同治年间辰州地方绅商在倡办救生局的禀请之中，皆言明需官府于沅水设立捐局，筹措经费的重要性。考虑到如经厘金局代收会让商民有"加增厘税"之嫌，辰州府决议由沅水之上所设的盐关按数抽收。

对于盐关抽数的标准，初始是根据上、下水船只运输货物数量来定："下水大小船只装货在二百石以上者，捐收救生局经费钱三百文；百石以上者，收钱二百文；不及百石者，收钱一百文。上水船只减半捐出。"③ 顺水而下的运输成本较逆水而上的运输成本少，因此下行船只所抽取的救生局经费较上行船只也多一些。

虽然有了一定的标准，但是也存在一些问题，如"船有大小，货有低昂，加之船不一，货不一，主既未便逐件清查，又不能派定捐数，况凡装载之船，大半有货无客，其应如何提捐，舟人亦碍难专主，种种情形，诸

---

① 刘曾撰编《辰州府救生局总记》卷三《谕示 章程》，清同治十二年刻本，第 15 页。
② 刘曾撰编《辰州府救生局总记》卷三《谕示 章程》，清同治十二年刻本，第 21 页。
③ 刘曾撰编《辰州府救生局总记》卷一《禀牍批移》，清同治十二年刻本，第 21 页。

多辏辖。"① 船只有大小之分，所载货物价值亦有高低之别，单以所载货物的数量来核算，实难统一，逐件清点数量显然也不实际，且又不能随意摊捐。最终，所有救生局经费由沅水之上的盐关查对厘票，按数抽收。如此一来，"改归盐关抽收，分途兴办，庶门分户，不致在牵混之虞，而救生经费亦有专成之责"。②

因辰州救生局事属初创，抽捐款项一时难以到位，辰州府于辰防经费中提出一千串文作为造船资本。

除了专项公款，捐助也是救生局初期经费的重要来源，《辰州府救生局总记》中对开局后历年捐输银钱有非常清晰的账目记载，如"前任浙江巡抚胡捐九八六折实九九七钱九十九千文""辰州府刘捐九八六折实九九七钱一百九十八千文""浦市仁发店捐九九七钱二十三千九百零六文""溆浦县各户捐九九七钱三百千文"等③。透过这些捐款人信息，可以看出，辰州府救生局的经费不仅有来自官员、个人的捐助，也有来自商号等组织机构的捐助。

捐纳是救生局经费的主要来源，但是这些捐纳渠道有限，变动性较大，而救生局的经费支出浩繁，如何将通过各种途径筹措的钱款转化为维持救生活动的基金，确保救生事业长效运行，是救生局必须解决的问题。辰州府救生局主要通过购置田产、山地、房屋、基地等不动产，获得田地租金、房屋租金等稳定收入。据统计，自同治六年二月初八日开局至十年八月初七日止，辰州救生局购买水田数目达 149 处，价值 80440 千 990 文；购买浦市铺屋 7 处，价值 4485 千 570 文；购得郡城铺屋 24 处，价值 12401 千 355 文；买得郡城所当铺屋 18 处，价值 4793 千 430 文；购置山地 2 处，价值 3911 文。这些不动产的投资不菲，但是给救生局也带来了可观的收益：水田每年可收租谷 3941 石 2 升 6 合；各处铺屋每年可收租金 3808 千 66 文④。

《辰州府救生局总记》中记载了救生局自开局至撤局所有收支款项明细（见表1）。

① 刘曾撰编《辰州府救生局总记》卷二《禀牍批移》，清同治十二年刻本，第 14～15 页。
② 刘曾撰编《辰州府救生局总记》卷二《禀牍批移》，清同治十二年刻本，第 22 页。
③ 刘曾撰编《辰州府救生局总记》卷四《收支 章程》，清同治十二年刻本，第 15 页。
④ 刘曾撰编《辰州府救生局总记》卷五《杜买郡城田亩价值数目》，清同治十二年刻本，第 1～58 页。

表 1　辰州府救生局自开局至撤局所有收支款项明细

收入		支出	
项目	金额	项目	金额
百货船捐	70166 千 473 文	开局制办器具	777 千 503 文
木排捐	2921 千 500 文	付辰防局借息	35 千 640 文
沅陵县各户捐	789 千 30 文	付开局酒席	9 千 728 文
溆浦县各户捐	300 千文	付历年委员薪资火食	882 千 783 文
辰溪县各户捐	91 千 80 文	付历年委绅薪资火食	7426 千 387 文
浦市仁发店捐	23 千 906 文	付历年各项人役工价火食牙祭赏号	12282 千 320 文
前任浙江巡抚胡捐	99 千文	付历年银朱洋蓝艾绒笔墨钱串字号图章烟茶灯油烛炭敬神香纸并信札草票告示账簿等纸，并刷工装订	988 千 419 文
辰州府刘捐	198 千文	付历年册谷费	10 千 874 文
道宪杨捐符姓罚款	88 千 481 文	付历所条银上	231 千 930 文
辰州府刘捐杨姓罚款	9 千 900 文	付解送各滩月钱水脚盘费	27 千 32 文
沅邑李姓罚款	198 千文	付九矾北溶二处添设红船二只制器具等件	16 千 162 文
历年各店借息	7087 千 19 文	付五分局历年救生捞尸	646 千 740 文
历年租谷变价	1805 千 669 文	付五分局历年制造木匣	233 千 699 文
历年房租	3922 千 621 文	付总分局历年修理船只铺面局屋田坎并添办器具	2510 千 702 文
山地茶子	12 千 578 文	付各田界址石碑	168 千 234 文
总分局旧船变价	79 千 992 文	付总分局永定章程石碑	84 千 506 文
		付历年佃赁总分局各租	162 千 637 文
		付修理各滩碍舟恶石工匠	3933 千 606 文
		付历年租谷起坡夫力	47 千 956 文
		付票差各乡催租工食	2 千 376 文
		付首事丁役下乡踏勘田产盘川	3 千 564 文
		付提归义渡	792 千文
		郡城制买田产	709 千 343 文
		浦市制买铺	134 千 100 文

续表

收入		支出	
项目	金额	项目	金额
		郡城制买田	277 千 725 文
		浦市制买店	15 千 576 文

数据来源：刘曾撰编《辰州府救生局总记》卷四《收支章程》，第 15～20 页。

从上表可以看出，辰州府救生局经费最主要的来源还是于盐关所抽之捐，随着救生局不断购置田、地、铺屋，由此带来了不少收益，如历年各店的借息收益就达到了 7087 千 19 文之多，房租、租谷亦不少。除此之外，沅水作为清代木材贸易的黄金水道，救生局于木排捐所获甚多。

至于救生局的经费支出项目中，人员薪资占了大头，如所支付的历年各项人役工价火食牙祭赏号费用即达 12282 千 320 文之多，加上委员与委绅的薪资与火食费用，此三项相对固定的支出占总支出的大半，其次就是凿石修滩，疏浚河道的费用（付修理各滩碍舟恶石工匠），计 3933 千 606 文，此外，购置不动产也是救生局的重要支出。

除开支销，辰州府救生局实存九九七钱 56380 千 800 文，这一数目非常可观，无疑给救生事业的长久发展提供了坚实的财力保障。同治《沅陵县志》对救生局自同治六年二月起至同治十年八月的经费情况同样做了记载：

> 止计抽捐□数共钱七十五千八百八十余缗，凡置产、收租、救生局每年费用，其章程详。救生局图计洵属法良意美，倘后来官绅守而无失利，赖其有穷与。按：局费自同治六年设局起，即将抽捐数节次发商生息，并价贾田地房屋。至十年十二月止，计收息钱一万二千九百七十八百七十文，合捐款七万五千八百八十四千三百七十文，其钱八万八千七百九十二二百四十九文，计总局暨分局每年支销共用去钱三万二千四百十千四百四十九文，实存钱五万六千三百八十千八百文，计卖典房山地各价值其去钱五万四千八百七十九千一百五十六文，应实余钱一千五百一千六百四十文。[①]

---

① 同治《沅陵县志》卷十二《仓储 附育婴救生》，清光绪二十八年据清同治十二年刻本补版重印本，第 16 页。

对于每年各种款项收入和支领的管理，辰州府救生局也做了相应的规定。如每月救生捞尸钱与赏钱，在月满之日必须张榜公示于局外，接受监督。分局委员查滩之时，须取具上月水保及红散船甘结，经查明属实后，才能缴结销差。各分局首事的轮管交接，必须将经手事件及所存钱谷数目逐项算清后方才完成。四个分局在首事轮季上滩时，须将一季中应得支用之粮谷，"一律在总局清领押运赴局，以备发给，毋得透支"。①

辰州府救生局所有局员的薪资，在其制定的章程中也予以明确：

> 各首事每月酌给薪水钱八千文；书算数钱……每月各给薪水钱三千文，各给火食钱一千五百文；总局跟丁……每月给工价钱二千文。总分局火夫……每名每月各给工价钱一千文。局船水手……每月每名各给工价钱一千五百文，各给火食一千五百文。总局计委员委绅并跟丁火夫……每日酌用火食钱八百文。分局首事并火夫……每日酌给火食钱二百六十文。各滩救生水手……每月每名各给工食钱三千文。总分局跟丁火食水手及各滩水手……每月朔望各给牙祭钱二百文，共钱九千文，三节赏号每节每名酌给钱五百文……每滩设立水保……每名每月给饭食钱一千八百文。②

岔汆、横石、青浪、瓮子洞四处救生分局的水手工食，由救生局发给，北溶一局因系地方士绅捐办，根据规定，除首事与水保的薪资由救生局发放外，其余水手无工食发给，后改以稻谷充作薪资。为便利分局局员所需粮食的供给，救生局于岔汆、横石、青浪、瓮子洞四处分局均建立仓廒，总局根据分局的需求将粮食存贮各局仓内。

三 辰州府救生局的管理与救生活动的开展

作为一项特殊的慈善事业，水上救生事业单靠个体难以维系，因此需要一个组织机构做保障。辰州府救生局自创立伊始，即由官府主导，不过

---

① 刘曾撰编《辰州府救生局总记》卷三《谕示 章程》，清同治十二年刻本，第22~23页。
② 刘曾撰编《辰州府救生局总记》卷二《禀牍批移》，清同治十二年刻本，第18~19页。

救生局的管理与运作基本上是由地方士绅完成的。

组织架构与管理方面，辰州府救生局实行委员管理制度：由一委员坐镇总局，"以资弹压"。局船首事十二人，其中坐局总司二人，一人负责办理支销，一人经管钱数捐票；又设书算二人，数钱二人，跟丁火夫二人，水手四人。救生分局岔粂、横石、青浪、瓮子洞四处，每局设有首事二人，火夫一人。各滩救生水手共三十人。每滩设立水保，以备稽查。自岔粂以至瓮子洞上下险滩，约计九处，共用水保七名。其后因经费紧张，救生局四分局将原来所设每局二位首事撤去一人，四分局共设四人。后又考虑到分局首事一人终岁坐局，"未免偏荣"，更定为每分局仍派二人，只是二人"分四季错综轮管，一人办春秋，一人办夏冬，轮流替换"。①

至于救生局中各局员的遴选，救生局章程亦做了相应的规定。如水手的遴选方面，鉴于以前的滩头水保多为害行人，故一律革除后，救生局于府城内招募水手，对于愿改过自新的水手，也需要取得保荐，方可留用。"由郡城召募水手，如各滩就近有能改过自新，愿充本局水手者，亦取具的实保户，酌量添募，以资熟手。"②至于救生局委员暨各分局首事，辰州府救生局相关章程中虽未言明于何处拣选，但从其后所委任的首事名录来看，多为辰州府地方绅士，如最先倡举救生局事业的"沅邑士绅张本先、修增祜、蔡明春、廖时敏、唐正廷、贾陶轩、陈湘皋、张捷先"等人③，分别被委以重任：同治六年时唐正廷、陈湘皋被委以总局委绅，修增祜、贾陶轩被任命为横石救生分局首事，张捷先被委以岔粂救生分局首事④。

从辰州府救生局所开展的水上救助活动来看，主要涵盖了以下几个方面⑤。

（一）救生

于汹涛中拯救生命是水上救助事业的核心。根据辰州府救生局总局与分局相关《章程》规定，救生水手，一经招募上船，即不得擅离职守，有

---

① 刘曾撰编《辰州府救生局总记》卷三《谕示 章程》，清同治十二年刻本，第 22 页。

② 刘曾撰编《辰州府救生局总记》卷二《禀牍批移》，清同治十二年刻本，第 22 页。

③ 刘曾撰编《辰州府救生局总记》卷一《禀牍批移》，清同治十二年刻本，第 1 页。

④ 刘曾撰编《辰州府救生局总记》卷三《谕示章程》，清同治十二年刻本，第 7～14 页。

⑤ 刘曾撰编《辰州府救生局总记》卷二《禀牍批移》，清同治十二年刻本，第 18～24 页；卷三《谕示 章程》，第 15～23 页。

紧急事务必须归家的，须禀明局中首事，经首肯后仍需请人代替方可，如逾期未归，救生局即行更换。为方便稽查，救生船各插救生小旗一面，船尾亦置木牌一面，载明救生船只属哪个险滩第几号船只，并附上水手姓名。为便于辨识，救生局为所有水手配备了号褂，初始之时为一年一换，后改为五年一换，若平日无事，所有号褂分存各救生局，由首事掌管，遇事则分领，事毕仍需缴存。救生局后又为每名水手配备了一块腰牌，腰牌上载有所属险滩、船号以及水手姓名年貌等信息，钤有府印。

根据规定，救生局水手平日于河面巡游，不得干预其他事务。如遇客船失事，救生局立即鸣锣，水手即刻齐集赶往失事地点进行救护，并以救人为先；如遇客船搁浅，救生船只须快速救护，散船不得靠近上船。同时，救生局也规定了救生船的专用属性：救生收尸，不准私自作渡船之用。

为规范救生活动，救生局亦设立了奖惩规定，"各滩无论局船散船，救护活人一名，赏钱二千文，捞获死尸一名，赏钱八百文"。这个赏金不局限于官办救生船只，散船若有救生事实者，经验明之后，同样可以领取。之后因生弊端，救生局对赏金标准进行了调整，"按重轻分别办理，重则照章给赏，轻则减半，或减半之半，抑或仅给酒资"。如有借救人之事，向商旅勒索的水手，救生局则从重治罪。

为及时拯救生命，救生局在每处险滩置屋宇一所，事先预备了木床水絮等物件，用作溺水者暂住调治。

（二）收瘗

沅江水情紊乱，因船失事溺水者甚多。因此，救生局兼负打捞无主浮尸的职责，各分局除了负责已划定的水域，若其他地方有漂流浮尸，亦应立即前往打捞与收埋，不得畏劳推诿。

救生局规定，救生船打捞的无主浮尸送至局中者，赏钱 800 文，此外，还有安埋钱 300 文。与洞庭湖岳州救生局赏钱 400 文或 200 文相比[①]，辰州府救生局的奖励力度显然大了不少。

---

① 张德容等纂修《岳州救生局志》卷二《章程·救生引洪收瘗条规》，清光绪元年岳州救生局刻本，第 8 页。

对于打捞的浮尸，救生局局首必须验明死者相关信息，如"有须无须，是男是女，或身上携带银钱、什物等件"，死者随身的银钱用于安葬与超度，随身物品则存于救生局中，以备将来亲人寻认。

（三）捞捡

救生局除了担负水上救生职责外，还兼有捞捡失事船只货物的职责。救生局规定，救生局所设之船不准向商旅索取钱财，亦不得故意损坏，借以多取薪资。打捞上来的货物，必须堆积于一处，不准另置他所。在货物全部救齐之后，救生船只的舵工、水手不得擅离职守，须待客商检查清楚后，方可离开。如水手有将货物私藏他处、以少报多、以无为有的情形，救生局予以严惩。一些特殊的货物，如银钱入水之后即沉，客商请水手捞取之时，存在暗中移置他处，待客商离开后再摸出的情况，对于这种难以稽查的事情，救生局则令分局首事细心查访水保，由水保查验。

如救生船只无法及时赶到，险滩所附的散船只有在客商呼救时，方可施救。与救生局的义务捞捡不同，散船提供的捞捡服务是有偿的。客商在落水货物打捞后，一般会酌情给施救船只与水手一定的赏资。不过货物贵贱不一，价值有高低，为避免地痞从中勒索，救生局对打捞失事船只落水货物的种类和数量所需费用有明确规定，捞夫的酬劳则视落水货物的价值而定：

> 水银朱砂每百斤酌给谢钱六千文，川漆每百斤酌给钱一千二百文，洪秀二油每桶酌给钱三百文，茶桐二油每支酌给钱二百文，油篓多装者，照支油申算。蓝靛大包酌给钱六百文，小包酌给钱二百文，棉花每大包酌给钱六百文，小包酌给钱二百文，岩盐每担酌给钱四百文，鱼子盐每大包酌给钱八百文，淮盐每大包酌给钱二百文，粮食每石酌给钱二百文，其余小庄零货，每石酌给钱一百文，布匹每卷给钱四百文，绸绫及南货等件，均照红单每千给钱四十文。[①]

其后，辰州府救生局针对沅水繁盛的木材贸易中木排的捞取报酬也做了相应规定："木排或被水冲散，经人接获木码一尺至一尺五寸止，每根给

---

① 刘曾撰编《辰州府救生局总记》卷二《禀牍批移》，清同治十二年刻本，第 21～22 页。

钱二十文，一尺五寸至二尺止，每根给钱三十文，二尺至三尺止，每根给钱一百二十文，三尺至四尺止，每根给钱二百文整，舵照以上章程，按木大小减半酌谢。"①

（四）凿石修滩

沅水多怪石险滩，阻碍行舟，因此救生局除了开展上述救生活动之外，还兼有凿石修滩之责。救生局规定，每年在冬季水位下落，礁石露出之时，各分局首事雇请熟谙水情的水手与石匠，将最险之处的礁石铲凿，以利舟行。从表1可以看出，凿石修滩的支出构成了辰州府救生局的重要成本。

四 清代辰州府救生局成效

与长江流域其他救生局相比，清代辰州府救生局成立时间稍晚，但其筹划严密，在地方官绅的努力下，取得了较好的社会成效。目前所见文献没有记载辰州府救生局历年救活人员总数，但是从辰州府救生局收付钱款项可略窥一二。自开局至同治十二年（1873），救生局所有五分局历年救生捞尸支出646千747文。根据救生局章程，救护活人一名，赏钱2千文，捞获死尸一名，赏钱800文，其后更有大幅削减赏钱之举，由此推论，救生局每年救生捞尸数量不少。

辰州府救生局的创办获得了当时其他官员的肯定，郭嵩焘对力推救生事业的辰州知府刘曾撰也是赞不绝口："（同治十二年六月）廿二日。吴陶村自辰州来，带到刘咏如太守所编《救生船记》八卷，其规模亦宏大矣。咏如之才，亦自可爱。"②

正是辰州府救生局有效的经费筹措、运营管理，确保了救生事业的赓续。清光绪二十八年（1902）年初，满族官员崇谦赴云南就任时，船队在瓮子洞遇险，后船有倾覆失事情形，他目睹了救生船快速反应，驰往救援

① 刘曾撰编《辰州府救生局总记》卷三《谕示 章程》，清同治十二年刻本，第18页。
② 郭嵩焘撰，梁小进主编《郭嵩焘全集》第9册，岳麓书社，2012，第582页。

的场景，"旋见救生船飞驰往救，料人可无恙，船则不知也"。① 历经数十年，辰州府救生局依然保持着高效的运转。直到民国年间，辰州府救生局仍在运转。如 1936 年 10 月、12 月，来往常德、辰州的装运邮件的船只在清浪滩频繁出事，触礁沉没，当地救生公所即行抢救②。

---

① 崇谦：《宦滇日记》，载谢本书主编《清代云南稿本史料 上》，上海辞书出版社，2012，第387 页。
② 瞿新辉：《常德地区志 邮电志》，中国物价出版社，1993，第 275 页。

清末"礼法之争"与杨度的
国家主义思想

肖　艳[*]

　　摘　要：清末变法修律过程中，在《大清新刑律》的制定问题上爆发了一场轰动学术界的争议，史称"礼法之争"。杨度在新刑律决议程序中代表政府阐述新刑律的主旨，提出国家制定新律应当符合时代需求，以国家主义为指导，具体表现为：破除家族制度，强调国民"直接于国家"；改造贯穿着家族主义的旧法，实现法律近代化；破除不适宜的礼教传统，实现国家主义。国家主义强调人权、平等和自由，但与西方的个人主义有异；杨度的国家主义与家族主义无并行之法主张也与法理派其他成员有分歧。作为清末"礼法之争"中重要的思想理论之一，国家主义的内容反传统、采西学，遂成为法理派对抗礼教派的有力武器，而国家主义与家族主义之争也成为"礼法之争"后期法理派与礼教派的争议焦点，对解放思想，促进中国近代法制转型具有历史意义。

　　关键词：杨度　国家主义　礼法之争　家族主义

　　朱苏力谈到，中国过去一百多年间，无论自然科学、社会科学还是人文科学，都从外国特别是从西方发达国家借用了大量的知识，甚至连这些学科的划分方式本身也是进口的，而且这些知识已经成为我们无法摆脱，也不想摆脱的生活世界的一部分[①]。其中，"借用"一词从侧面反映出我国对待近现代西方文明的态度：吸收与借鉴并存，并以吸收为主。法律制度即为所借用的知识之一，这一"借用"始于清末变法修律时期。这个时期，众多学者站在不同的立场上表达了各自关于国家法律改革的主张，因而发生了许多争议，其中尤以"礼法之争"最为突出。作为法理派代表人物之

---

　　[*]　肖艳，湘潭大学法学院·知识产权学院硕士研究生。
　　[①]　朱苏力：《法治及其本土资源·序言》，中国政法大学出版社，2004。

一，杨度扮演着重要角色，其国家主义思想也成为"礼法之争"后期的争议焦点。

一 杨度对国家主义的理解

主义是国家实施制度的指引，采用何种主义，国家的政治、法律制度就处于该主义支配之下。在"礼法之争"这一历史事件中，杨度的国家主义指的是指导新律修订的原则或精神。杨度的法律思想以国家主义为基础，我们称其为杨度的国家主义思想。

（一）理论来源

杨度的国家主义思想奠定在进化论、甄克斯的社会划分理论[①]之上。进化论即"物竞天择、适者生存"，按照当时人们的理解，就是要变法、改革，适应资本主义发展潮流，实现国家由弱转强的目标。比如康有为就认为"法既积久，弊必丛生，故无百年不变之法"[②]，要求对法律进行改革；谭嗣同以"天地以日新，生物无一瞬不新也"[③] 来反对守旧势力，要求变革；梁启超也说"变者，古今之公理也"[④]。实践也揭示了变法改革的重要性：日本顺应时代潮流积极学习、吸收西方先进文明的制度和科学技术，甲午中日战争的结局证明了它是东亚强国的事实，这是"变"的结果。进化论满足救亡图存、反对帝国主义的需求，成为清末民初的主流思想之一。杨度也赞成变法、改革，他提出"审时变之所宜，应以何种政策治其民者，即以何礼教治其民，一切政治、法律、教育，皆视之以为转移，无所谓一成而不可变者也"[⑤]。他的变法、改革方向是依据英国政治学家、历史学家甄克斯的社会划分理论得出的，杨度对该理论推崇备至，认为它是"一定不移之公例，无论何种社会，而莫之能外者也"[⑥]。甄克斯在《社会通诠》

---

① 任继新、张桂霞：《杨度的国家主义法律思想论述》，《船山学刊》2009 年第 1 期。
② 汤志钧编《康有为政论集》（上），中华书局，1981，第 212 页。
③ 蔡尚思、方行编《谭嗣同全集》（上），中华书局，1981，第 458 页。
④ 梁启超著，何光宇评注《变法通议·自序》，华夏出版社，2002，第 1 页。
⑤ 刘晴波主编《杨度集》，湖南人民出版社，1986，第 530 页。
⑥ 刘晴波主编《杨度集》，湖南人民出版社，1986，第 209 页。

（*A History of Politics*）一书中将社会形式分为蛮夷社会（又称图腾社会）、宗法社会和国家社会（又称军国社会）①，社会发展的规律也是由蛮夷社会到宗法社会，最后到达国家社会的阶段。根据甄克斯的理论，杨度对中国清末民初的社会阶段进行分析，得出结论：中国已经进入军国社会，但由于在政治制度层面没有实行三权分立之制，社会上余留宗法社会的遗影——家族制度，所以国家社会发展不完全②。所以用国家主义思想改造旧法，破除家族主义，使国家进入完全的国家社会成为杨度法律思想的主要内容之一。

（二）家族主义与国家主义

杨度认为，没有成为法治国以前，世界任何国家都存在家族主义，中国也不例外，到清朝末期，中国的法律仍然以家族主义为精神③。家族主义表现为，国民有家人与家长之分，家长是家族中的掌权者，家族的代表、发言人。以家长的存在为媒介，家人与家族之间形成直接的权利义务关系；家人与国家之间成立间接的权利义务关系。家长享有管理所有家人的权力，同时承担抚养所有家人的责任。法律上，家长被赋予规则的制定权与执行权，即家长有权订立家规以约束家人并可以对有过错的家人予以处罚。但是如果家人犯罪，家长可能需要承担连带责任。整个国家根据君主治理官吏、官吏管理家长、家长影响国家的这一逻辑来调节社会关系，达到家族统一、社会稳定的目的。宗法社会发展到国家社会，与之相对应的则是国家主义。国家主义指导下，家族的权利义务主体地位不复存在，国民"直接于国家"，即国家直接管理国民，不允许家长代行规则的制定权、执行权，人人都是独立的个体，人人享有营业、居住等一系列不被家族束缚的自由权利。相对的，国民对国家承担御外保内的责任，国民与国家良性互动，以此保证国强民富。

值得注意的是，在对待家族主义与国家主义的态度上，与礼教派劳乃宣提出"本乎我国固有之家族主义，修而明之，扩而充之，以期渐进于国民主义，事半功倍，莫逾乎是"④ 不同，杨度的态度比较坚决。杨度表示："若以为家族主义不可废，国家主义不可行，则宁废除新律而用旧律，且不

---

① 参见爱德华·甄克斯著，严复译《社会通诠》，北京时代华文书局，2014。
② 刘晴波主编《杨度集》，湖南人民出版社，1986，第255页。
③ 刘晴波主编《杨度集》，湖南人民出版社，1986，第531页。
④ 劳乃宣：《桐乡劳先生（乃宣）遗稿》，文海出版社，1969，第873页。

惟新律当废，宪政中所应废者甚多也。"① 这样一种家族主义与国家主义不"两立"、无"并行之法"的态度似是将两派平衡的局面打破，将双方置于极端对立的地位。

（三）国家本位与个人本位

鸦片战争以来，国家日渐颓弱，爱国人士积极寻求救国良方。改良派认为国家羸弱的原因在于军备落后，由此开启洋务运动，向西方学习军事制度，引进军事设备；军事力量的强大离不开经济基础，洋务派又提倡创办民用企业，发展资本主义经济；甲午中日战争的失败昭示着仅学习西方军事和经济达不到自强的目的，思想家们又把视野转向西方宪政制度层面，要求国家改革政体，改造旧律，但直到清政府倒台也没能实现强国富民的目标。改革的过程总是面临着否定与挑战，阻碍来源于清王朝统治者的迟疑还有传统思想代表者的反对，直到以科学和民主为主题的新文化运动渐次拉开序幕，伴随着自由、平等、独立、民权等思想的进一步传播，中国人民的思想才彻底从封建传统的桎梏中解放出来。

区别于西方民主法治思想推动政治制度变革这一逻辑线路，鸦片战争后，中国社会变革的顺序依次是向西方学习军事、经济、制度、思想。在思想彻底解放之前，诸如国家主义，强调自由、平等、独立等个人本位的思想已经传播了较长的时间，但却没有彻底发挥改革旧有政治法律制度的作用。因为这一时期主张的民权，并不是对西方个人本位的复制，而是选择性地接收并加以修正，从而形成了区别于个人本位的国家本位思想。国家主义实质上是一种工具主义的个人观，清末主张改革的思想家们"之所以重视个人的独立、自主能力和诸如责任性这样的公德，也是因为这些能力和德行为国民所必备，而国民又为国家富强所必需"②。在这种语境下，个人权利是在"国家生存的前提下的权衡体现，无法逃脱以国家为忠诚对象的发展格局"③。这一现象有深层次的原因：1. "中国传统文化的强大惯

---

① 刘晴波主编《杨度集》，湖南人民出版社，1986，第 533 页。
② 梁治平：《礼教与法律：法律移植时代的文化冲突》，广西师范大学出版社，2015，第 84 页。
③ 黄金麟：《历史、身体、国家：近代中国的身体形成（1895—1937）》，新星出版社，2006，第 62 页。

性力"①。强调"个人本位"的思想与中国传统文化中"亲亲""尊尊"的封建伦理等级思想格格不入，人民思想从两千多年的固有思维中解脱出来需要一个过程；2. 与民主法治思想相适应的资本主义经济基础薄弱，在官僚资本主义和外国资本主义的压制下艰难求生，资产阶级力量弱小，无法勇敢地举起个人本位的旗帜。但是国家、民族危机又迫使人们去寻求富国强民的武器，由此西方的个人本位思想出现了这种"局部的'中国化'"②。

二　立法应以国家主义为精神

杨度将法律与国力、法律与权利联系起来，在具体制度方面强调法律因时而变，破除家族主义；法律要赋予国民权利，主张传统法律的近代化，又主张法律与礼教相分离。这些理论为"礼法之争"中的法理派提供了支持，也促进了人民思想的解放。

（一）破除家族制度，强调国民"直接于国家"

杨度认为，阻碍国家进步的是封建制度，阻碍社会进步的是家族制度。这两种制度的相同之处在于"有大物专障于个人之前，而不以个人为单位故"③。国民中的家人，有的是"家长所豢养而管束者"，有的是"无丝毫之能力以坐食者"④，他们受家族束缚，没有独立人格，不承担国家责任；而国民中的家长，当官却被家族所累，无暇顾及"社会之公益"，更无暇顾及"国家之责任"，结果贪污腐败情形甚多。国家法律一直以家族主义为精神，历经千年，至清末也没有较大变化，已经与世界法律的共同原理、原则相违背。导致"西方各国'借口司法制度未能完善，予领事以裁判之权'，长此下去，'主权日削，后患方长'"⑤。这说明，家族主义已经不适应当时的社会发展情况。首先，家族主义的存在阻碍着国家的进步，导致

---

① 武树臣等：《中国传统法律文化》，北京大学出版社，1994，第526页。
② 武树臣等：《中国传统法律文化》，北京大学出版社，1994，第511页。
③ 刘晴波主编《杨度集》，湖南人民出版社，1986，第256页。
④ 刘晴波主编《杨度集》，湖南人民出版社，1986，第532页。
⑤ 李贵连：《清末修订法律中的礼法之争》，《法学研究资料》1982年第1期。

"社会不能活泼，国家亦不能发达"①。所以在法律层面，杨度主张"惟宜于国家制定法律时采个人为单位，以为权利、义务之主体，而又以教育普及，使无能力之家人，皆变而等于有能力之家长，人人有一家之责任，即人人有一国之责任，则家族制度自然破矣"②。如此，家长才能摆脱家族的桎梏，专心为国效力；家人则能脱离家族的掌控，获得独立生计的能力。于是，社会有活力，国民富足，自然国家强大。杨度还强调人民的重要性："国以民为本，国力所以能伸张者，实由于民力充足之故。"③ 人民富裕则国家富裕，而且"富之目的，其主目的在民，而旁目的在国"。④ 即把人民富裕作为经济发展的主要目的，表现出杨度希望实现国强民富的愿望。

（二）改造贯穿着家族主义的旧法，实现法律近代化

受进化论影响，杨度主张法律因时而变。他说："现在我国宪政日日进行，立宪国体既许人民之自由，即不可不有一种正当的法律以防范之……因此国内宪政进行之时，必须使一切法律与宪政相符合。"⑤ 数千年来，中国的法律皆以家族主义为精神：家长可以制定家法，又可以"自行其司法权以处分子弟"，但是"家长有罪，家人连坐"，以此将社会基本单位限制在家族，个人只是家族的"细胞"。家长的首要目标是保障家族地位稳固和繁荣，由此国家责任让位于家族利益。其结果是"全国无一国民，又无一为国事而来之官"⑥，必然导致国家积贫积弱。现在各国的法律不是以家族主义，而是以国家主义为精神，"国家对于人民有教之之法，有养之之法，即人民对于国家亦不能不负责任，其对于外，则当举国皆兵以御外侮；对于内，则保安宁之秩序"⑦。而"现在系预备立宪的时代，即是预备国家法制完全的时代"⑧，既然家族主义与国家主义不能"两立"，也不能"并行"，那么不可一方面增长国家制度，另一方面又保全家族制度的存在。制

---

① 刘晴波主编《杨度集》，湖南人民出版社，1986，第 256 页。
② 刘晴波主编《杨度集》，湖南人民出版社，1986，第 258 页。
③ 刘晴波主编《杨度集》，湖南人民出版社，1986，第 225 页。
④ 刘晴波主编：《杨度集》，湖南人民出版社，1986，第 227 页。
⑤ 李启成点校《资政院议场会议速记录》，上海三联书店，2011，第 301 ~ 302 页。
⑥ 刘晴波主编《杨度集》，湖南人民出版社，1986，第 532 页。
⑦ 李启成点校《资政院议场会议速记录》，上海三联书店，2011，第 305 页。
⑧ 李启成点校《资政院议场会议速记录》，上海三联书店，2011，第 305 页。

定新律应当以国家主义为精神。

在法律的来源上，杨度认为法律是国民制定的，代表着国民的意思，而非君主的命令。"法律者，与天下共守之物也，非守法之人不能为立法之事，政府非但不可专擅，抑所不能独主。"① 法律是稳定的、权威的社会规范，所以杨度也反对统治者以命令取代法律的地位，君主"如以普通命令变更法律，又如于法律规定以外，使人民负兵役、纳税之义务皆为违法"②。而且"凡国家各部之编制及权限与人民之权利，定之于宪法者，君主有不可违反之义务"③，"盖立宪者，国家有一定之法制，自元首以及国人，皆不能为法律外之行动，人事有变，而法制不变"④。也就是说，当君主的意思与法律发生冲突时，君主意志要让位于代表国民意志的法律，这从根本上推翻了封建君主具有无上权力的思想，颇具近代法治的内涵。

《大清新刑律》修改原因之一是旧时法律允许比附，在法律条文没有规定时，法官临时援引前例断案，这种制度有法官立法之嫌，所以杨度提出："大凡判断案件，要按照律文去判断，不能掺杂自己的意见，以为裁判之据。"⑤ 反映出杨度要求谨慎对待自由裁量权的主张。同时，杨度在《大清新刑律》的修改理由中还重申领事裁判权的收回问题，体现了他对国家司法主权的重视。

（三）剔除不适宜的礼教传统，实现国家主义

礼教，代表以儒家思想为核心的封建纲常伦理。儒家思想强调贵贱有等、长幼有差，迎合了统治者的需求，受到封建皇帝的推崇，成为治理国家、稳定社会秩序的有效手段。法律中均有礼教的反映，比如"八议""服制"定罪等制度。但传统礼教与现代法治思想格格不入，它的存在阻碍着社会的发展，不符合自由、平等、独立的主旋律，也已经不适合作为维护社会秩序的手段，因此新律需要剔除不适宜的礼教传统。在"无夫奸"的问题上，杨度认为"无夫奸"不加入《大清新刑律》正条，不是代表国家

---

① 刘晴波主编《杨度集》，湖南人民出版社，1986，第499页。
② 刘晴波主编《杨度集》，湖南人民出版社，1986，第311页。
③ 刘晴波主编《杨度集》，湖南人民出版社，1986，第311页。
④ 刘晴波主编《杨度集》，湖南人民出版社，1986，第570页。
⑤ 李启成点校《资政院议场会议速记录》，上海三联书店，2011，第301页。

对此事不理，而是因其"在教育之范围，而非在法律之范围"①。古人讲"礼、义、廉、耻"，这是礼教的内容。"无夫奸"是可耻之事，违背了礼教，但仍不应以法律来规范。因为国民知"耻"，则会重视对妇女这方面的教育，即使发生"无夫奸"的丑事，父母因觉可耻，也不会奏请国家司法处置，可能导致此条形同虚设。所以杨度认为"无夫奸"不加入正条，可以"养社会之耻"，如果法律给父母施加检举、揭发子女和奸或者通奸行为的义务，"反以伤父子之恩"②。这种观点对法律的相对独立性具有积极意义。法律同上层建筑中的其他因素相互作用、相互影响，但它的调整范围不能由上层建筑的其他因素决定。杨度赞同"无夫奸"不加入正条，目的是"养社会之耻，欲以维持礼教"③，主张不通过法律而是教育来实现礼教，表明了杨度主张礼教与法律分离的态度。"无夫奸"入罪仍然是家族主义指导下的刑罚制度，上述主张也与杨度的国家主义思想相吻合。

三　杨度国家主义思想在"礼法之争"中的实践

杨度的思想主张奠基于他对社会发展规律的认知、对国情的认识，服务于通过制度变革实现国家富强的期望，他的国家主义思想目的也在于此。杨度并没有执着于新律是否维持传统礼教的问题，而是认为国家主义是近代资本主义强国法律的精神，国家要想在社会优胜劣汰中不被淘汰，就应当按照资本主义强国的标准进行变革。新刑律符合国家主义的要求，因此杨度对其予以肯定，从而将"礼法之争"的争议焦点转移到国家主义与家族主义之争上来。这一观点肯定了沈家本的修律成果，从而使杨度站在了法理派的阵营中。

（一）将"礼法之争"的争议焦点转移到国家主义与家族主义之争上来

《修正刑律草案》④ 在交由资政院决议之前，对其争议还停留在传统礼

---

① 李启成点校《资政院议场会议速记录》，上海三联书店，2011，第 307 页。
② 李启成点校《资政院议场会议速记录》，上海三联书店，2011，第 307 页。
③ 李启成点校《资政院议场会议速记录》，上海三联书店，2011，第 307 页。
④ 1907 年沈家本上奏时为《大清刑律草案》，1910 年修正称为《修正刑律草案》。该法典正式名称为《大清刑律》或《钦定大清刑律》，为了与《大清律例》相区别，多被称为《新刑律》或《大清新刑律》。

教和西方法律原理上。《大清刑律草案》在"折中各国大同之良规,兼采近世最新之学说,而仍不戾乎我国历世相沿之礼教民情"① 的基础上制定,大量借鉴西方法律制度,受到礼教派的攻讦。首先是张之洞以草案中对内乱罪不处死刑指责沈家本包庇革命党,又因"无夫奸"条款批驳其败坏礼教。清廷后发布上谕,要求"凡我旧律义关伦常诸条,不可率行变革"②。《大清刑律草案》不得已对有关伦常诸条的犯罪加重处罚,在正文后加上"附则五条"。后又遭到劳乃宣反对,称其将伦常诸条放入附则属于本末倒置,要求直接加入新刑律正文。此前的问题大多围绕在具体的条款上,在《大清新刑律》的三读程序中,时任宪政编查馆特派员的杨度到资政院议场说明新刑律的国家主义宗旨之后,论战的焦点就集中到了家族主义与国家主义的争议上来。

杨度将法律精神与国力强弱联系起来。旧律以家族主义为宗旨,国民"间接于国家",这一情形导致"人权不足,不能以个人之资格自由竞争于世界,于是社会不能活泼,国家亦不能发达矣"③。而实行国家主义的国家,人人平等且均享有营业、居住等自由权利,因此民富国强。同时他认为家族主义与国家主义存在冲突,二者不能并存。所以他的结论是:新律采国家主义,符合宪政目的,应当予以通过。这种将中国传统礼教与法律改革目标截然对立的说法立即就遭到礼教派的攻讦。劳乃宣率先批驳:国民缺乏国家思想的原因在于政治制度的落后而不是亲族制度的影响,杨度将国家落后的原因归结于亲族制度,忽视国情,是"欲灭弃数千年之社会基础",不能达到救亡的目的④。劳乃宣还批评杨度:"今乃谓必破坏家族主义乃能成就国民主义,不亦惧乎?"⑤ 江谦认为,以国家主义为宗旨,意在以法律取代家庭伦理,使人忘记其家庭身份,只服从国家政治、法律,任法而伤人情,不可取,所以他主张对国家主义与家族主义进行调和,"当保存伦理上狭义的家族主义⑥以弥补政治所生之缺憾,提倡广义之家族主义,以

---

① 黄源盛纂辑《晚清民国刑法史料辑注》(下),元照出版有限公司,2010,第1426页。
② 《大清法规大全·法律部》卷首。
③ 刘晴波主编《杨度集》,湖南人民出版社,1986,第256页。
④ 参见劳乃宣《桐乡劳先生(乃宣)遗稿》,文海出版社,1969,第998~999页。
⑤ 劳乃宣:《桐乡劳先生(乃宣)遗稿》,文海出版社,1969,第872页。
⑥ 江谦认为家族主义有广义与狭义之分,孝、悌是狭义的家族主义;事君不忠非孝也,战陈无勇非孝也,这是广义的家族主义。广义的家族主义,也可以说是国家主义。参见《礼教与法律:法律移植时代的文化冲突》,广西师范大学出版社,2015,第28页。

为国家之先驱，如是而后吾国家之完全发达可期也"，让国家主义与家族主义并行①。甚至还有人指责杨度"造言惑众"，对其弹劾。

（二）加入法理派的阵营，支持沈家本的观点

杨度根据进化论的理论，提出世界各国法律的原则，都是从家族主义发展到国家主义。以家族主义为精神的时代，法律以家族为本位，"对于家族的犯罪，就是对于国家的犯罪，国家须维持家族的制度，才能有所凭借以维持社会，故必严定家族阶级"②。然而家族主义已经不符合时代的要求了，必须予以破除从而进化至国家主义的阶段。杨度从侧面说明，强调家族等级、纲常伦理，以家族主义为精神的封建礼教不适应时代发展，需要进行变革。杨度说明新刑律主旨的演讲中体现的精神和原则与法理派的主张一致，肯定了法理派的修律成果，有力地声援了沈家本。杨度支持沈家本具体表现在以下两点。

第一，在治外法权的问题上，新刑律制定的重要目的之一就是为了取消列强在中国的治外法权。但是礼教派认为仅仅依靠修律，采用各国共同法律的原理原则是无法取消治外法权的。劳乃宣就说："一国之律必与各国之律处处相同，然后乃能令在国内居住之外国人遵奉，万万无此理，亦万万无此事。"③ 在资政院发表的演说中，杨度也重申修订新刑律的理由是为了取消列强领事裁判权。针对礼教派质疑，杨度提出："不必问将来各国之承认与否，总要力尽人事，先由自己改良法律与审判制度，然后可以根据条约使他撤去领事裁判权。"④ 西方曾声明清政府修改法律就撤去领事裁判权，那么通过修律清政府就可以根据声明要求西方国家遵守承诺，而且通过采取各国通行的法律原理原则，西方也就少了一个损害我国司法主权的借口。

第二，礼法之争除了涉及传统礼教的问题，还有非礼教层面的法律适用问题，如删除比附，也引发了较大争议。新刑律删除比附的理由是，实施法律没有规定的行为不是犯罪，法官不得援引相类似案件定罪，这是

---

① 邹小站：《清末修律中的国家主义与家族主义之争》，《中国文化研究》2017 第 2 期。
② 李启成点校《资政院议场会议速记录》，上海三联书店，2011，第 304 页。
③ 劳乃宣：《桐乡劳先生（乃宣）遗稿》，文海出版社，1969，第 899 页。
④ 李启成点校《资政院议场会议速记录》，上海三联书店，2011，第 302 页。

"罪刑法定"的体现，也是立法、司法独立的要求。张之洞就曾反驳："谓比附易启意为轻重之弊端，此诚不免。但由审判官临时判断，独不虞其意为轻重耶？引律比附，尚有依据，临时判断，直无限制。"① 针对这一问题，杨度认为援引比附这一制度设计有司法机关行使立法权的嫌疑，与现代立法权、司法权独立的立宪原则不合，因此不能不改。

但是杨度也有妥协。杨度一方面承认"无夫奸"和卑幼对尊长不得使用正当防卫两条"与新刑律主旨不相符合"，"与编制刑律的原因，与国内国际有最大的冲突"②，一方面又赞同将"无夫奸"等条款置于《暂行章程》中，以"维持本国礼教""救刑律之不济"，同时主张《暂行章程》"断断不可少"③，反映了他的矛盾心理。

四　杨度国家主义思想评析

延续两千多年的中国传统礼教发挥了治理国家、调整社会关系、稳定社会秩序的作用，显示其强大的生命力和历史的合理性。传统礼教精神指导下的政治法律制度有其优秀和合理的成分，若能对其传承、改进和转化，以消除现代法治遭遇的一些困惑和迷境，通过这种方式建构起来的现代法治体系更具有生命力，更容易获得中华民族的认同。用现代眼光来看，礼教派虽然过于保守，但其强调中国礼教的正面价值，正是杨度等法理派思想家所缺乏的认知。而且以儒家思想为指导、维护社会秩序的传统礼教文化已经深入民族内心，在传统和改革之间，哪些传统可守，哪些传统可废，才应当是近代法制变革的中心问题。杨度的国家主义却将本应探讨的中心问题转向主义之争，似乎偏离了法律改革的正常轨迹。同时从杨度的国家主义思想中我们能看到矛盾之处，杨度坚决地否定家族主义，强调必须破除家族主义，才能实现国家主义，但是他又没有彻底地批判家族主义指导下的中国传统礼教；既主张法律的近代化改革，又迫于现实为法律中残留传统封建礼教说理。借用梁治平先生的话来评价，杨度也可以说得上是

---

① 高汉成：《大清新刑律立法资料汇编》，社会科学文献出版社，2013，第33页。
② 李启成点校《资政院议场会议速记录》，上海三联书店，2011，第306页。
③ 李启成点校《资政院议场会议速记录》，上海三联书店，2011，第658页。

"根据目标来选择手段的理性主义者"①。在内忧外患的清末，为摆脱被欺凌役使的状态，救亡图存成为国家最紧迫的任务，有关道德、法律的变革均以此为目标。作为特殊时代下爱国主义者的应激反应，国家主义思想也可以称为一个策略或攻略。

但对国家主义思想还不能下如此简单的结论。基于杨度的理论体系，国家要进入完全军国主义社会，政治上要实行三权分立制度，杨度在 1907 年发表的《金铁主义说》一书中对其有详细论述；社会上要破除家族主义，通过法律赋予国民权利，使人民"直接于国家"，杨度的君主立宪主张与国家主义法律思想互为表里，代表了杨度在清末民初阶段法律思想的两大内容。从当时的时代背景来解读，破除封建礼教，学习西方先进制度，以实现国强民富的目的，符合中国近代寻求救亡图存之道这一主旋律，受到满腹救国壮志的知识分子杨度的极大推崇，并以国家主义思想作为批判家族主义的锐利武器。这种国家主义思想以个人为本位，以个人解放和个性自由为特征，经过杨度的介绍和宣传，得以在封建专制末期的中国出现，从而与以家族为本位的家族主义法律思想形成鲜明的对比，起到冲击封建正统法律思想的进步作用②。作为法理派的代表人物之一，面对固守传统的礼教派，杨度敢于直言，敢于承受压力，积极宣传其思想理念，有魄力、有胆识。面对帝国主义的压榨、清政府的羸弱不堪，杨度将自身前途与国家富强紧紧联系在一起。他的国家主义思想提倡国民自由、平等、权利，这些近代化观念，能够加速瓦解固有的封建思想观念，加快近代化的步伐。政治与法律制度需要不断发展变化以满足日新月异的社会需求，封建专制制度及其配套设施如果不进行改革也将被社会淘汰。杨度所代表的改革、变法反映出时代的需求，虽然具有片面性，但是这一理论所具有的时代价值不可磨灭。

---

① 梁治平：《礼教与法律：法律移植时代的文化冲突》，广西师范大学出版社，2015，第 79 页。
② 唐自斌：《杨度与清末礼法之争》，《湖南师范大学社会科学学报》1993 年第 1 期。

郭嵩焘佚文考释

王晓天[*]

摘　要：郭嵩焘文一篇，原载于新化邹氏睦亲堂咸丰二年六次续修本《邹氏族谱》，从是谱民国八年八次续修本卷三《寿序》中辑出。经与岳麓书社版《郭嵩焘全集》比对，确定为郭氏佚文，乃作整理校点。此文又不同于一般应酬之文，颇有文献和历史的价值。

关键词：郭嵩焘　《邹氏族谱》　《郭嵩焘先生年谱》

笔者读书，偶然得郭嵩焘文一篇，经与岳麓书社版《郭嵩焘全集》比对，确定为郭氏佚文，乃作整理校点并刊出，以飨读者。

诰封宜人黼廷公配七秩寿序

余往岁以东南变起仓卒，奉朝命筹饷，循湘溯资，居上梅城①者数月，而久见夫风俗俭约，士女勤劬；而耆艾长年履康强之福，间巷之老，闺门之妇多有之。厥后宦游几遍寰海，所行愈远，所见愈不足。盖其文愈盛而其实愈衰，彼俭约而勤劬者渺乎，若梦境之徒存想像，虽然退而返吾乡，犹是也。岂数十年来风俗之变耶？抑他邦士女俱不若上梅城耶？端居深念，慨积习之浇漓如江河日下，非有大力者挽之，则且靡所底止。恐廿年前之变遂将复起于今日，径思舍湘而资，买宅于维山之侧，优游以乐余年，特未知其俭约勤劬果能不变如前日也乎？

岁丙戌，门人李生筱屏以书寄我，谓十月既望为其邹大姻母杨宜人七秩诞辰，乞余以言为寿，且别纸详宜人懿行。噫，如宜人者岂世所恒有哉！

---

*　王晓天，湖南省方志研究与传播中心研究员，博士生导师。

①　新化、安化均为古梅山之地，宋代开梅山时，以上梅山之地置新化县，以下梅山之地置安化县，故"上梅"为新化县之别称。

其俭约勤劬，至老不衰，恍乎余昔日所见。因铨次其语，以征宜人延龄之由，以卜将来无量之祜，庶览者知所观感焉。盖宜人以名门之女，年逾笄，归诰授奉政大夫邹君邦献。家故饶裕，而宜人钗荆裙布，上奉霜姑暨本生翁姑，中和姒娌，下驭仆婢。相夫行志，先众手而作，后一家而息。饮馔旨甘，非亲调不以进；裹筐琐杂，非手镉不以告。由是堂上非宜人不欢，姒娌必宜人为倚，仆婢必宜人为服。孀姑尝病疫，宜人侍汤药，目不交睫，虽久无懈容。比弃养，哀毁如礼。奉政君以食指繁与诸弟析居，诸姒娌各揽宜人衣涕泣，盖聚处数十载无纤芥嫌。嗣兹增仓廪，益居室，向之饶裕者至不可数计，臧获佣力勤数百指。自恒人处之，鲜不俭者渐奢，勤者渐逸，而宜人守约服劳，帅初不变。生丈夫子四，教之严。长君援例获州司马头衔，柄家政，壹体宜人意，无隙休，无毛弃。次君蜚声庠序，且与叔、季两国子生鲲化鹏搏，为九万里之游。一庭之内，诸子翼翼如也，诸妇秩秩如也，诸孙振振如也，其亦可少弛矣，而宜人帅初不变。逮奉政君厌世，宜人亦垂垂老矣。即餍奇珍，袭轻煖，以乐安闲，谁得而议其后者？而宜人非布衣而御，非粗粝不甘，挈钜鳌细，秋毫必躬，靡惟帅初不变，且加谨焉。顾生平孜孜不倦，自奉恒薄而待人恒厚，款塾师忠且敬，饮膳必丰以絜。固数十年如一日，每内外宾客虽习至而旨嘉，不缺于供。尤好施与，里中孤寡无告者饮之必给，有称贷者纵之，必不责偿。先是，奉政君尝创育婴举未竟，乃命哲嗣昆季各出重资，以垂久远。其诸挥霍不少吝惜，岂鳖其常哉！盖啬己济人，各有当也。宜人可谓秉心塞渊，较然拔乎尘滓者也。孔子曰："禹，吾无间然矣。菲饮食，而致孝乎鬼神；恶衣服，而致美乎黻冕；卑宫室，而尽力乎沟洫。"勤而已矣，俭而已矣，克勤克俭，中礼而已矣。不谓宜人以一女子，躬圣人之至德，其受福离祉，亨纯嘏乐康强，又何疑乎？又何疑乎？向诸有家者，皆若宜人之既勤且俭，终始不渝，虽无往岁之变，可也。东南各行省人民虽至今存，可也。虽然吾闻上梅一邑，自军兴后亦稍稍习逸崇奢，有不似余前日所见者矣。则如宜人者尤应表而出之，以为凡为家者法。盖宜人之德虽亦门内庸行，而推其道而充之，岂为型一邑，虽风天下可也！于是乎，书之以为寿。

赐进士出身、翰林院编修、诰授光禄大夫、前广东巡抚、钦差大臣、兵部侍郎加五级纪录五次，湘阴郭嵩焘顿首拜撰

姻再侄敕授修职修郎、拔贡生、即选教谕李庆曾顿首拜祝并书

五品衔新化教谕袁家嵘，国子监学正衔新化训导高映澜，姻侍生历任宜章桑植训导、武陵攸县教谕杨继贞，宁远训导李洵，姻晚候选同知杨毓崧，前翰林院编修、监察御史李郁华　　仝拜祝

光绪十二年岁次丙戌冬十月

按：此文原载于新化邹氏睦亲堂咸丰二年六次续修本《邹氏族谱》，笔者是从谱民国八年（1919）八次续修本卷三《寿序》中辑出。文中云："岁丙戌，门人李生筱屏以书寄我，谓十月既望为其邹大姻母杨宜人七秩诞辰，乞余以言为寿。""岁丙戌"，即光绪十二年（1886），时郭嵩焘年已69岁，居于长沙，应其门生李筱屏之请而作。杨宜人者，新化处士杨全雅之女，嫁新化洋溪人邹黼廷为嫡妻。邹黼廷（1815—1874），名兴教，字邦献，黼廷其号也。家颇富有，乐善好施且急公仗义。太平军攻入湖南后，以"奉札办团，捐饷助军，减价平粜，居民获安堵如故"，诰封奉政大夫，杨氏亦例得诰封宜人。李筱屏即李多祜（1848—1898），学名庆曾，筱屏其字也，新化桑梓人。同治十二年（1873）癸酉拔贡，考授即选教谕，亦为本文附署者之一。光绪二十一年（1895），入湖南巡抚吴大澂幕，后授奉政大夫。李筱屏是郭嵩焘的门生，其伯祖父李洽（1825—1855）为道光二十六年（1846）举人，善诗文，工书法，尤以古近体诗为时人所推许，与郭嵩焘系早年好友，曾同游京师，李洽早逝后，李筱屏之父李长檀又兼承其祧，郭嵩焘以侄孙辈待之。李筱屏受姻亲邹家之托，为"邹大姻母杨宜人七秩诞辰"请求先生"以言为寿"，这在当时的士绅之家，乃是流行之举，邹家亦是如此。而郭嵩焘欣然应诺，遂作此文。其中不乏应酬之意，但此文又不同于一般应酬之文，颇有文献和历史的价值。

其一，郭氏寿文中言："余往岁以东南变起仓卒，奉朝命筹饷，循湘溯资，居上梅城者数月"，明确地记载了他咸丰四年（1854）赴新化筹饷的行程路线和所待时间，可补郭嵩焘是年日记之缺失和郭廷以《郭嵩焘先生年谱》是年记述之未逮。

其二，文中描述了郭嵩焘自己在新化的亲见亲闻："而久见夫风俗俭约，士女勤劬；而耆艾长年履康强之福，闾巷之老，闺门之妇多有之"；又云："吾闻上梅一邑，自军兴后亦稍稍习逸崇奢，有不似余前日所见者矣"，于今，这已是描述湘中山区新化18世纪民情风俗及其变化的罕见史料。

其三，亦是颇为重要的一点，郭嵩焘在文中花费了较多的笔墨阐述了杨宜人的德行后又提出："盖宜人之德虽亦门内庸行，而推其道而充之，岂为型一邑，虽风天下可也！"说明郭嵩焘虽然当年能够开风气之先，积极鼓吹向西方学习，但是他最终仍然未能摆脱封建士大夫固有的思想藩篱。光绪十二年（1886），时郭嵩焘年已 69 岁，垂垂老矣，世事衍进，人心思变，而老先生仍然坚守儒家伦理妇女"三从四德"的传统，此其证乎。

李静《玄楼弦外录》节选

李　静　撰　贺美华*整理

摘　要：《玄楼弦外录》是湘籍琴学家李静的重要著作之一。其记载内容
芜杂，大多为作者购琴、琴友唱酬、琴事交流等内容，或诗，或文，或铭，然
而记述内容之重要却为诸多学者所重视，具有不可替代的琴史琴学资料价值，
《记飞泉》《所见潞琴之一》《独幽》《九疑山人杨时百先生葬事记》等篇内容
成为现代研究琴学的学者必引之材料。

关键词：《玄楼弦外录》　李静　琴史　琴学

《玄楼弦外录》是湘籍琴学家李静的重要著作之一。李静（1886—
1948），又名李毓麟，字伯仁，号玄楼主人，又号香雪康客，湖南桂阳人，
民国时期湖南著名琴家，始学于黄勉之，继学于杨时百，擅弹《平沙》《渔
樵》《秋鸿》《渔歌》《胡笳》等十余曲。李静一生酷爱弹琴和收藏古琴，
而且收藏的古琴多为传世名琴，如唐琴"独幽"（现藏于湖南省博物馆）和
"飞泉"（现藏于故宫博物院），著有《玄楼日记》《玄楼读书杂抄》《玄楼
弦外录》等书，均为未刊稿本，现藏于湖南图书馆。其藏书也颇具专业特
色，如明刻本《瞿仙神奇秘谱》、明步月楼刻本《琴谱合璧》、明凌玄洲校
刻朱墨套印本《红拂记》等皆有入藏，其藏书印有"伯仁氏""玄楼珍藏"
"李静"等。

《玄楼弦外录》记载内容芜杂，大多为作者购琴、琴友唱酬、琴事交流
等内容，或诗，或文，或铭，然而记述内容之重要却为诸多学者所重视，
具有不可替代的琴史琴学资料价值，《记飞泉》《所见潞琴之一》《独幽》
《九疑山人杨时百先生葬事记》等篇内容成为现代研究琴学的学者必引之材
料。本文据湖南图书馆所藏稿本《玄楼弦外录》内容整理。

---

*　贺美华，湖南图书馆馆长。

记飞泉

十余年前，余旅居燕京，遇一壮士，称其父病，出琴一剑一，求售金供药饵。剑甫出匣，光芒逼人，取铁削之，真如削泥。琴红鬃美秀，玉轸金徽，成小蛇蚹断纹，音铿铿作金石响，神品也。余赠之百金，受其琴而却其剑，谢之曰："琴，吾所嗜，姑置吾所。剑，君之宝，宜珍用之。"壮夫大喜，为拔剑起舞，但见寒光，不见人也，问其姓氏里门，都不肯语，惘然抚琴首者再而去。

琴名"飞泉"，草镌龙池上，其下有印，方一寸有半，篆"贞观二年"四字，龙池下有方二寸印一，篆"玉振"二字，长方印一，篆"金言学士卢赞"六字。池两旁铭云"高山玉溜，空谷金声。至人珍玩，哲士亲清。达舒蕴志，穷适幽情。天地中和，万物咸亨"。

池内墨"古吴王昆一重修"七字后，以漆落不能下指，付张虎臣修理，虎臣曰："此余小时在来薰阁所见物，别来六十年矣，犹在京师耶，始为刑部某主事所藏，某不善琴，当字画张挂耳，何至入君手"，余告之故，虎臣惊曰："剑上得毋有双龙耶？"余曰："隐约有之"。曰："此高阳剑侠之子，父子均万人敌，君幸受琴而却剑，剑非君力所能得者。然其父病果愈，必更以剑至谢君。"其明年壮士果挟剑来，称父命病愈，愿献剑为寿，余坚却之，乃奉剑长揖去，至今不复遇其人，每弹此琴，颇念剑也。

虎臣为燕市斫琴名手，能不漆却断纹琴，数年前已物故，寿至八十四岁，今厂肆义元斋即其斫琴处。张氏琴流传天下，不下数百床云。

所见潞琴之一

绍兴金君致淇藏明潞王琴一床，音韵绝佳，为所见诸潞王琴最，发流水断纹，岳山龙龈皆白玉为之，金徽十三则遭乱剔去，如美人散明，殊可惜，幸未伤面耳。池上题名"中和"，盖潞王制琴，均以此赐名也。池下铭云"月印长江水，风微滴露清。会到无声处，方知太古情"，款书"敬一主人"，沼上篆刻"潞国世传"方二寸印一方，余抚之数日，久弹弥韵，最宜《风雷引》《广陵散》等曲，颇有风雨晦冥、龙蛇奔腾境界。

秋塘寒玉

平生多见异琴，而以唐人雷氏琴最饶神韵，如佛诗梦之九霄环佩，九疑山人之鸣凤来皇，绍越千之，皆仙品也。关雅亭藏有秋塘寒玉者，虽时人所不知，而确是雷霄手斫，吾家寒菊、独幽，皆不如也。曩游燕京，关君属余为之题铭并序，云京师见雷公琴二，关君雅亭所藏秋塘寒玉其一也，念烽火之未息，欣名琴之有归，爰为之铭曰："九灵传世，威也独超。君藏厥一，德音孔昭。匪隐林薮，匪炫市朝。潜彼小阁，抚弦动操。琴我两忘，于焉消摇。"（此铭作于十余年前，故当时仅见二雷琴。）

独幽

独幽，为王船山先生藏琴，池内刻"太和丁未"四字，乃唐文宗时物，沼上刻方二寸印，篆"玉振"二字，与武英殿长安元年琴印同，《湘绮楼日记》以为雷霄所斫。余闻船山先生衡阳旧庐名湘西草堂，久经颓圮，独幽亦破败无弦的倒挂堂上，一日大雨，墙倾，惟独幽所挂一壁植立不动，众咸惊异之，或言先生读书草堂时，尝夜见庭中发碧光，阴雨尤甚，因就光处发掘之，则赫然一石匣，如殇者棺焉，启匣视之，锦绣什袭三尺物，绰约多姿，有若丽人，迫而察之，则古琴也。先生珍玩，逾于拱璧，故家传至今，展转南朔以千金归于余，声韵况雄古茂，宜弹大曲，山林隐流，独喜之。戊辰五月，九疑山人题诗云"一声长啸四山青，独坐幽篁万籁沈。不是船山留手泽，谁传玉振太和琴。"

祭九疑先生文

先生以民国二十二年十二月十五日病殁于北平丞相胡同舞胎仙馆，灵厝法源寺，其明年元月元日开吊公祭二日，葬于西山之原。

乐先礼生，亦先乐坏。礼乐既亡，纪纲斯败。秦火烬余，乐惟琴在。从道污隆，绵绵百代。能尽雅琴，于今有几。丘公后身（黄勉之先生尝谓先生为丘公后身，丘公，晋时人，善琴，亦隐居九疑山），先生独伟。操成残形，材辨焦尾。抚弦安歌，感泣神鬼。春秋佳日，会友以文（十余年来，常集琴会于故都之岳云别业北海公园，前后凡七八集，皆先生倡之，为民国盛事）。宣和闲邪，远莅知音。云回衡岳，风振上林。渔歌款乃，浩然游心。九疑开社（某岁元宵始立九疑琴社，公推先生为社长），万流所宗。情移海上，道蕴曲中。声绘落雁，目极飞鸿。传书册卷，庸著丝桐。琴德之优，穷独无闷。先生得之，龙蟠嘉遁。大隐维贤，舨佛何困。三叠厥心，委怀何恨。观乐知微，远惊风鹤。微子伤殷，处士星落。琴杳江天（先生藏琴悉归于浙江虞君，仅遗传天贶一琴），响绝霜郭。泣荐生刍，魂兮来格。

万壑松风跋

凤闻长沙市上有古琴曰万壑松风，"万"字上隐约见一"苍"字，盖非始名矣。

龙池内刻"赵子昂家藏"五字，遍体细流水断纹，发音苍韵，相传出于安化陶氏，值号千金，余求之五六年不得，己巳除夕自辽返湘，复搜寻之，以廉值买归，大喜过望，携至燕京，持赠吾师九疑先生，先生却而不受，且命名琴工张虎臣重修之，并为题识池畔。池之左原刻"道光丁亥"四字，右刻"栗里丹冶陶镕珍玩"八字，皆深藏漆里，必映日光始见，先生误削之，尝谓余曰"陶公手迹为吾毁去，殊可惜，宜重刻，以志吾道"。

先生归道山之后四年，其哲嗣乾斋兄渡江南来，复为葺治，形彩斑暎，音弥清越，风气遂仿佛鸣凤矣。既欣神明之后腐，观弥感吾师之不及睹也，详志原始，藉诏后来。

民国二十四年五月日李静跋。

净水兰影庵三昧草

授琴记

自余习琴已来，未尝轻以授人，而传之女间，尤为操缦，家所深忌，然洞庭某山人固邃乎佛理而琴名满天下者，近获名妓卡玉京琴，乃珍若拱璧，然则妓而习琴，于雅何伤？云娘者，今青楼中之秀外而慧中者也，坚请业琴于余，玉荑甫试，音韵铿然，因不恤人言为示门径，幸而有成，则云娘固今日之生玉京，其视玉京之琴不亦更足贵耀乎当世之士耶？

壬戌冬雪夜，记于聚仙园南窗灯下。

九疑山人杨时百先生葬事记

吾师杨时百先生以去年十二月十五日病殁北平寓庐，余既叙述先生生平琴事大要，揭载天津《图书日报》，题曰"九疑山人杨时百先生琴事记"，并择先生所蓄唐宋以来名琴影片分别映登《北洋画报》，冀有以供给海内知音整理中国琴史琴学之资料，俾先生之学说流传无穷，则先生庶乎不朽也。

先生殁后，嗣君乾斋以先生本受戒奉佛故，厝柩法源寺，旋从西山相得佳城，遂卜于国历去年除夕成主、今年元月元日开吊二日安葬。余以元日由津赴平致吊，甫入寺门，回忆十年前在磨羯寮从先生学琴时，恍如昨日，岁暮一别，竟成千古，伤何如之。诣灵礼毕，见助理丧事者，多为琴友，前后临吊数十人，花圈挽词，悽溢四壁，徘徊旧院，弥增感怆。午后，九疑琴社同人公祭，落落不满十人，而诚敬之意、哀戚之情要能于生死见风谊也。同社属余草祭文，刘君蕙农读之，其词云"乐先礼生，亦先礼坏。礼乐既亡，纪纲斯败。秦火烬余，乐惟琴在。从道污隆，绵绵百代。能尽雅琴，于今有几。丘公后身（黄勉之先生尝谓先生为丘公后身，丘公，晋时人，善琴，亦隐居九疑山），先生独伟。操成残形，材辨焦尾。抚弦安歌，感泣神鬼。春秋佳日，会友以琴（十余年来，常集琴会于岳云别业北海公园，前后七八集，皆先生倡之，为民国盛事）。宣和闲邪，远茝知音。云回衡岳，风振上林。渔歌欸乃，于焉托心。九疑开社（黄勉之先生……）"。

维中华民国二十有一年一月一日，九疑琴社社员刘异、李静、刘润生、金致淇、甘嘉仪、齐执度等谨以不腆之仪致祭于时百先生之灵，曰："乐先礼生，亦先礼坏。礼乐既亡，纪纲斯败。秦火烬余，乐惟琴在。从道污隆，绵绵百代。能尽雅琴，于今有几。丘公后身，先生独伟。操成残形，材辨焦尾。抚弦安歌，感泣神鬼。春秋佳日，会友以琴。宣和闲邪，远茝知音。云回衡岳，风振上林。渔歌款乃，于焉托心。九疑开社，万流所宗。情移海上，道蕴曲中。声绘落雁，目极飞鸿。传书册卷，庸著丝桐。琴德之优，穷独无闷。先生得之，龙蟠嘉遁。大隐维贤，叛佛何困。三叠厥心，委怀何恨。观乐知微，远惊风鹤。微子伤殷，处士星落。琴杳江天，响绝霜郭。泣荐生刍，魂兮来格。尚飨。"

春省耕而补不足

昔者周公制井田之法，施于诸侯之国，使尊卑职司各相统属。

郊外曰野遂，人掌之，以土地之图经田野，五家为邻，五邻为里，五里为鄼，五鄼为鄙，五鄙为县，五县为遂，辨三等之地分任百氓，春耕夏耨，秋敛冬藏，丰年之收万亿及秬酒醴，是荐用享祀先祖，而国家于焉富饶矣，此欲诸侯足而天子足之意也。

然或有偷安之徒，尸禄之辈，捐弃而弗治。俾彼黔首强壮之民散于四方，而老弱转死沟壑，圣人知善治之不能无弊也，故立巡狩之法，以观诸侯之政，以土地辟荒芜治之，上下而赏罚，知小民之不可不恤也，故施巡幸之惠以补不足之忧，以五年巡狩省察利病而降德，此发政施仁之道也。

且夫农为天下之本，万民赖之以获生者也，其政一轶，天下当坐，乏其可弗慎乎？

是以神农之世斫木为耜，揉木为耒，以教天下而食足，尧命四子敬授民时，舜命后稷播百谷，禹平洪水，制土田，圣王经营国家，莫不汲汲于农政也，省而补不足，盖所以劝农也。①

设为庠序学校以教之至，皆所以明人伦也义②

受业李毓麟

《管子》曰："仓廪实而知礼节，衣食足而知荣辱。"既庶且富，然后教之，古圣贤经济之所以经济国家，而百世不易之要道也。子舆氏徘徊梁齐，游历至滕，先告文公以三代彻助之法、富民之法，而申之以三代学校教民之义，诚无愧乎仲尼之徒矣。

然考三代学校之制，非徒校与庠序而已耳。夏则有东序、西序焉，殷则有右学、左学、大学、小学、瞽宗焉，周则有东胶、虞庠、辟雍、泮宫、家塾、党庠、州序、乡学焉。顾《孟子》何以略而弗详乎？盖时承春秋之弊，当战国之微泥于古，则法滞而难行，滥乎今则术繁而愈乱，不得不取法三代而为之损益也。

是以《王制》以为公、侯、伯、子、男为五等，而《孟子》以为天子一位，子、男同一位，《王制》以诸侯之下大夫、卿、上士、中士、下士为五等，而《孟子》以君、卿、大夫、上士、中士、下士为六等，圣人筹画天下，经营国家，不以古而蠹今，不以今而乱古，因时而制宜，审势而施教，岂同夫王莽商鞅之流明于此而昧于彼哉？

夏之校，殷之序，周之庠，固亦去其繁剧，存其大略，兼而用之，通而变之也。且夫庠之言养者，养其才也，养其德也，校之言教者，教以道也，教以艺也，序之言射者，射之为言绎也，绎其志也，绎其心也，命名之意，虽三代不相同，而校与庠、序之所学者则无外乎父子之道、君臣之义、夫妇之别、长幼之序、朋友之交也，故曰学则三代共之，皆所以明人伦也。

呜呼！当是之时，天下纷纭，异端邪说各擅所长，墨翟则明其兼爱，杨朱则明为我，老庄则明其离世，申韩则明其刑名，孙武、吴起、尉缭则明其战、其胜、攻取，苏秦、张仪、公孙衍则明其合纵、连横，人自为说，

---

① 篇末有批语：简古。
② 篇前有批语：十分。

而家自为书，以相与淆杂，王道扰攘时俗，孟子遭世运之替，睹纲常之乱，故起而明尧、舜、禹、汤、文、武、周公、孔子之道，而以明人伦之学校，告于滕文，即所以告于天下万世也。滕文既不能行之前，其有能行之于后乎？孟子盖深望之矣。①

题今日之南京

涂炭生灵又一年，北湖南埭渺云烟。新都此日成何世，木屐声中泣杜鹃。

避寇移家不重迁，曾经北海又南天。已窥富士闻衰鼓，初就阳春待改弦。九岁人间留七七，千场恶战记年年。料知奏凯无多日，半卖琴书赎薄田。

赠别桂阳亲友呈②

歌哭于斯又九霜，锦湖风物最难忘。应留霭霭春秋日，忍去迟迟父母乡。且住琴心三叠奏，犹凭剑胆一翱翔。扁舟逝逐东流水，水和别意竟谁长。

爱晚亭琴集赠南薰诸友

玄 楼

廿年不对峡枫青，烟锁二南爱晚亭。放鹤风流谁解得，梅花弹罢忆西泠（爱晚亭在岳麓之青枫峡，辛亥年重修石刻，张南轩、钱南园诗谓之"二南石刻"，并题"放鹤"二字）。

麓山秋爽净无尘，幽籁鸣弦雅趣真。不信胡笳因李耳（余弹胡笳十八拍，相传为蔡文姬所作，而《文选》注云"本老子出关传汉音以教胡人者"，喜其清壮，弹之则未知其音之为胡为汉也），潇湘一曲有传人（南薰琴社于《潇湘水云》一曲有秘传，彭君祉卿、顾君梅美大善弹此）。

③昙花一现示前因，慧业三生证此身。才福难兼名益著，烟霞默染技通神。胡笳绝调怜家学，潇水湘云更几人。欲碎瑶琴报钟子，知音巾帼谢风尘。

琬玉女士遗墨。戊辰立冬日六十五岁，病叟杨宗稷题于旧都德国

---

① 篇末有批语：当实疏本题，不必另生枝节，文前半多泛语。

② 钤有"香雪康客"阳文印、"李静"阴文印。

③ 诗前钤有"九疑山人"阴文印。

医院。①

敬事而信，节用而爱人

昔先王建邦启土以策群侯，将内为王室之辅翼，而外以维系五服。夫既予以君国子民之道，则设纪纲，颁条教权度，兼务施舍，何一不归硕画而后胜任愉快也？敬信节爱数大端，圣人乐与奄有大邦者告之。夫上下和同，国家治安，然后称贤侯焉，记曰："资于事父以事君而敬同"，言事君犹事父也。又曰，"有德此有土"，言有爱人之德则民聚也。

夫敬则专，信则诚，节用则尚俭，爱人则仁也，斯皆治国之辙轨、抚民之龟鉴也。王风不振，浸以陵迟，封建诸侯咸自侈僭，朝觐之礼废，聘问之道绝，郑掠京师之禾矣，晋围贸戎之邑矣，不有桓、文率诸侯以尊天子，流弊伊胡底欤，以敬而不诚何异？不敬及其临民也，则惟苛刻是视，重敛是征，鲁有履亩之税，郑有循邱之赋，括百姓之膏血以资其所欲，而竞相华侈，使当时之人皆若薰烧而枯槁，以至秦山妇人甘为猛虎所食。嗟乎！何一乱而……②

黄云开岭底，一夜雪纷纷。玉琢山川白，春来气候分。冰枝清欲泮，冻雀意微欣。尚有高寒地，容吾笑傲群。

乙酉元旦

曾闻五始重春秋，元旦何尝系鲁侯。爱礼于今羊未去，避秦不觉虎堪忧。小村有主酣椒酒，诸夏无君念缀旒。梦想山河收拾后，太平歌舞贺神州。

题后爱吾庐并序

予民元尝寓北京爱吾庐，后三十四年复避难于桂阳岩门口之爱吾庐，心焉异之，因自署其斋曰"后爱吾庐"，且将以名"苏州小筑"，爰作是诗，以寄慨云尔。

又经锋镝毁琴书，八载艰难九殒余。渐忘姑苏终老地，爰先吾国后吾庐。

题朱淑真断肠集

易安并世更何人，伶俐娇痴有淑真。不薄庸夫甘薄命，断肠声里葬

---

① 钤有"丁子年生"阴文印、"宗稷"阴文印。
② 眉上有评语：字宜雅驯。

青春。

过石壕山亭口占

有山无水山不灵（散原句），戴石成山亦窈冥。幽绝石壕山半处，石波如水浸山亭。

桂阳炸后避居岩门口奉赠

板荡中原尽甲兵，胡星远堕桂阳城。边头上将今何在，世外余民未免惊。我悔曾为湖海客，君宁便了稻田生。残年看射南山虎，天问更谁继屈平。

春日忆江南赋赠

望断曾到赶上春，江南春好梦犹新。泗洲砦上岩门口，愁绝江南久别人。

雷四兼令蓝山杀敌喜赠

慷慨见贞心，知君多胜算。岂同湖海豪，不比英雄半。杀敌重书生，勤民纾国难。春风想二南，盈耳弦歌乱。

题听琴散记四首

一割铅刀喜论兵，纵横无计奈苍生。渐忘物我随琴化，不觉心移海上情。

刺船人去更谁师，苦忆当年黄勉之。仿佛仙翁犹在耳，七弦声里剑光奇。

绝学仅传杨大令，望洋兴叹李玄楼。寓言十九存真谛，说向人间莫点头。

空将玉垒作长安，回首两京雁影寒。多少风云离合意，听琴散记记悲欢。

奉赠一律一绝并录近作呈仲恂表叔教正，侄李静拜草。三四年四月一日。

《容川诗钞》中的龙安知府蒋德钧

郭　平*

摘　要： 蒋泽沄（1833—1893），湖南湘乡人，湘军名将蒋凝学之子。咸同年间，蒋氏父子两代从戎，功高名著。蒋泽沄之子蒋德钧，荫祖、父两世功勋，以部郎选授四川龙安知府。蒋德钧出守龙安十年，德政颇多，离任后，士民立"郡侯少穆蒋公德政坊"于四川江油，至今犹存。蒋泽沄工于吟咏，有诗集《容川诗钞》四卷行世，集中有多首"示子诗"，即写给儿子蒋德钧的诗，本文撷取这些诗歌所记载的蒋德钧政绩，探讨其"诗教"对蒋德钧施政的积极影响。

关键词： 蒋泽沄　示子诗　龙安知府　蒋德钧

湘乡蒋氏源远流长，奉蜀汉大司马蒋琬为远祖①。凝学、泽沄、德钧三代，为清晚期湖南蒋氏代表人物。蒋凝学官至陕西布政使；蒋德钧以功臣之后，三十出头即任知府，循声卓著，返乡后积极投身近代湖南维新及洋务运动，多有建树。

一　蒋泽沄及其《容川诗钞》

蒋泽沄，字容川，咸丰三年（1853）即从罗泽南为将佐，六年，罗泽南欲起用蒋泽沄为左营主将，泽沄荐父凝学为代，父子同在军中效力。蒋泽沄"从军十年，需次两省"②，后官至运使。蒋泽沄做官不及父亲，实务

---

*　郭平，绵阳市地方志办公室助理馆员。

①　蒋泽沄：《容川诗钞》，《清代诗文集汇编》第七二八册，上海古籍出版社，2010，第757页。

②　蒋泽沄：《容川诗钞》，《清代诗文集汇编》第七二八册，上海古籍出版社，2010，第761页。

不及儿子，三代人的成就，恰可借用民国初一幅漫画戏作类比：漫画里，京剧名家谭鑫培、谭小培、谭富英三代同框，小培居中，左顾右盼，对富英说，"你父不如我父"，又对鑫培说，"你子不如我子"①。此画微讽谭小培成就不如上下两代人。实际上，蒋泽沄弱冠之年即效力于早期湘军，身经百战，荐父掌兵更是古今罕见的军中佳话，可以说，父亲的功勋，儿子的政绩，都离不开蒋泽沄的积极推动。

蒋泽沄有《容川诗钞》四卷行世，编年始自道光庚戌年（1850），止于光绪癸巳年（1893）去世。其早年诗作，写于行伍之中，慷慨激昂，多吊古忧怀之作，亦不乏战地挽歌，是力挽"红羊之劫"的读书人以身许国奋斗历程的真实写照；蒋泽沄中年游宦于江南塞北，目睹山河疮痍，诗风变为浑厚沉雄；晚年退居不出，诗风转入冲和平淡，《容川诗钞》第四卷俱为"追和陶渊明诗"，不争不怨，敛尽锋芒，为其人生压卷之作。蒋泽沄的诗歌创作背景经历了征伐、游宦、乡居，这样截然不同的变迁，诗风亦叠经脱胎换骨，同时代人对其推许颇高，长沙翰林周寿昌评论道："人匪心乎风雅之奥，则诗必不工；匪身乎征戍行役之艰，即工，而有至，有不至者，若蒋君容川之于诗，庶几其工而能至者矣。"②湘学泰斗王先谦更是称其诗作"承藉丰豫，陶写风雅"③。《容川诗钞》收有蒋泽沄写给儿子蒋德钧的诗21首，始于光绪辛巳年（1881），止于光绪庚寅年（1890），其中五古12首、七古1首、七绝2首、七律6首，这些诗多数与蒋德钧在龙安府的政事有直接关系。

二 《容川诗钞》中的示子诗

"诗无邪"，古代社会非常重视诗歌的教育功能，示子诗成为蒋泽沄和儿子之间沟通的良好媒介，通过这21首示子诗，我们可以读出父亲对儿子的期许及栽培，也可以读到儿子的进步与取得的成就。

---

① 北京市政协文史资料委员会编《京剧谈往录续编》，北京出版社，1996，第233页。

② 蒋泽沄：《容川诗钞》，《清代诗文集汇编》第七二八册，上海古籍出版社，2010，第697页。

③ 蒋泽沄：《容川诗钞》，《清代诗文集汇编》第七二八册，上海古籍出版社，2010，第698页。

（一）诗中体现了对蒋德均的教诲与称赞

光绪九年（1883），蒋德钧选授四川龙安知府，由京赴川上任，趁便取道湖南省亲。到家适逢父亲五十一岁生日，蒋泽沄欣喜之余，作诗多首，加以勉励，如《生日示子德钧时新选龙安守》：

> 今尔承恩纶，阴平蜀门户。旧俗昔难驯，辛昂克镇抚。尔无硕鼠贪，宁忍猛于虎？公则明自生，勤乃拙可补。欲速治难成，好名效鲜睹。网贵挈其纲，丝必理其绪。化洽虎渡河，音好鸮怀鲁。庶几法龚黄，讴歌遍行部。①

看得出，蒋泽沄对家风有着绝对的自信，知道儿子不会贪腐，但他也有担心，生怕儿子急于求成，以苛政临民。他给儿子提出的为官要求是"公""勤"二字，"公"即秉公行事，既不取悦于上峰，也不沾钧于下民；"勤"则是勤于治事，不懒政。工作方法，则以网和丝相喻，指导儿子在工作中提纲挈领，抓主要矛盾。这应该是蒋泽沄一生从军从政的经验总结，他巧妙地化入诗歌，传授给儿子。从结果看，蒋德钧完全无愧于父亲的期许，在四川留下了"讴歌遍行部"的好名声。

光绪十四年（1888），蒋德钧"伸手过界"，把绵州境内的西山蒋琬祠墓整修一新。以守土职责而论，这事看起来有点越俎代庖，但事出有因。原来，蒋琬被湘乡蒋氏奉为远祖，墓庐虽然位于邻州，但作为后世子孙，隆其祭祀，义不容辞。加之此时正值国家多事之秋，急需人才，蒋琬忠勤职事，对其进行宣扬，也是对国家民族正能量的宣扬，于公于私，都是大好事。同年夏，蒋德钧在匡山重建太白祠，于其侧建匡山书院，并延请剑州翰林、父祖两代的湘军同僚李榕主讲。蒋德钧还订立制度，每年重九日，太守课生童诗赋于此。太白祠的重建及匡山书院的迁置，是蒋德钧在龙安政绩最大的亮点，匡山书院气象一新，为龙绵一带培养了大量人才。

为前贤整庐墓，为地方兴教育，以实事振兴礼教，造福一方，正合乎

---

① 蒋泽沄：《容川诗钞》，《清代诗文集汇编》第七二八册，上海古籍出版社，2010，第 754 页。

蒋泽沄"网贵挈其纲"的教诲，消息传到湘乡，蒋泽沄万分欣慰，他分别写下《子德钧寄呈蜀汉公侯墓图（墓在四川绵州西六里西山观）用癸亭从祖谒公祠诗韵赋示（戊子）》及《子德钧寄呈重修匡山太白祠记》二诗，喜悦之情溢于言表，如前诗结句称"龙州虽偏小，绳武缅芳躅"，勉励儿子追步前贤；后诗"兴颓起废守土责""山灵有主神有依，菁莪棫朴竞兴起""樵风满径霜满林，谪仙精灵长在此"等句，皆于平实之中，深见嘉许。

（二）诗中详细记录了蒋德钧赈灾政绩

光绪十五年（1889）六月，龙安府曾发生一起特大水灾。然而，至今尚不知出于何种原因，这次水灾的文字记载寥寥无几，仅见"郡侯少穆蒋公德政坊"上淡淡一句，"光绪十五年六月，龙安大水，平彰石江四邑濒水之民，田庐漂没"①，以及江油王发全先生 2016 年 1 月 12 日于太平镇唐僧村汪家祠堂竹篾篱壁发现的二十字墨书"光绪十五年己丑岁六月十八辰时日水涨塘村坝"两处②。所幸，蒋泽沄根据蒋德钧的家书，知道了这次水灾的详细情形，并以组诗《得子德钧八月二十一日家书》详细记录下灾情、救灾及重建情形：

> 吾儿守阴平，于今阅七岁。频年庆有秋，黎元乐自在。五月火云烧，奇峰忧崔巍。无何淫雨行，鲸波汹沧海。大造本无私，岂由政事怠？坐令灾祲逢，万姓濒危殆。天眚纵不屯，凋残难久待。
>
> 中坝波横行，迎恩浪奔赴。贯岭太平场，陈坝漫坡渡。一一横水犀，鲸鲵纷无数。财帛鱼府收，栋宇波臣付。农田成泽国，娲石塌破墓。浮尸蔽江来，枕卧谁能顾？铤险急何择，奔窜盈道路。哭声逐涛高，泪血同雨雨。赤身丛薄间，炊烟断朝暮（中坝场迎恩寺属江油贯岭□平属太平场漫坡渡属彰明陈坝属石泉）。
>
> 赤子方阽危，呱呱望哺乳。置之罔故复，恶在为民父。禄糈岂有

---

① （清）武丕文等修《光绪江油县志》，《中国地方志集成·四川府县志辑》第 18 册，巴蜀书社，1992，第 190 页。

② 王发全：《写在祠堂壁上的洪灾史》，《今日江油》2017 年 12 月 20 日。

余，倾囊聊小补。里胥苦侵渔，隶役若翼虎。四郊遴端人，携资掉柔
橹。蛟窟蜃蛤乡，疾痛遍摩抚。

摩抚事刚毕，阳侯复肆虐。九天浓云垂，大地浊波恶。陇头鼋鼍
孱，檐角鱼虾跃。残喘犹未苏，荡析更逾昨。愿者哀鸿嗷，黠者饥鹰
攫。大恐弄潢池，小忧恣剽掠。乱阶一或成，玉石俱燔灼。忧国先忧
民，升斗拯鲋涸。

微飙织沦波，缤纷散霞绮。岸断行人愁，堤决乖龙喜。飞符召丁
役，畚筑从此始。鹊犹营其巢，燕先葺其垒。堤埽民命关，而不早修
理？摩肩浓云屯，鼓鼙迅雷起。万锸声登登，深谷成逦迤。夜来篝灯
红，参差影江水。

吾父藩陕西，火龙鞭炎曦。汧渭数千里，灾黎鲜孑遗。扶绥殚昼
夜，天泽覃敷施。冈故蝇营营，惟图起疮痍（因赈忤乡宦为人诬劾圣
明察知免议）。至今秦关外，遗爱棠阴垂。干蛊吾何求，祖武勉绳其。①

在蒋泽沄笔下，那一年的龙安水灾极其严重，但蒋德钧面对大灾，应
对得宜。

第一首诗交代水灾发生的背景。水灾之前有酷热的极端天气，继之以
连日降雨，遂致暴发洪灾。

第二首诗介绍受灾面大，灾情重。中坝、迎恩寺、贯岭（山）、太平
场、陈（家）坝、漫坡渡，均是江油、彰明、石泉（今北川）等龙安府属
县地名，且至今沿用，可见灾情遍于全境，"浮尸蔽江"，显然水灾已造成
民众死亡。

第三首诗介绍第一时间投入人力财力赈灾。省上的赈济不可能立即到
达地方，蒋德钧手头并不宽裕，但他毅然启用私财，第一时间赈灾。尤其
重要的是，他专门遴选品行端正的人散赈及调查灾情，体现了一个年轻能
吏在政治上的成熟。

第四首诗反映了灾情的反复与加剧。灾情反复，极易引发社会动荡，
不法分子蠢动的苗头已现，蒋德钧不敢大意，扎实推进赈灾工作。

---

① 蒋泽沄：《容川诗钞》，《清代诗文集汇编》第七二八册，上海古籍出版社，2010，第 759
页。

第五首诗介绍灾后重建。灾后破败之相已现，蒋德钧迅速发动民众筑堤，动员的工役人数多，工程大，每天开工很早，歇工很晚。"以工代赈"可以高效、经济地稳定治安，避免流亡，正是封建时代政府应对灾情的常用手段。

第六首诗是蒋泽沄回顾父亲蒋凝学任陕西布政使时，虽因赈灾在陕西百姓中留下了口碑，却得罪小人，横遭诬劾。如今儿子又以地方官的身份，全力赈灾，相比于祖父蒋凝学，蒋德钧官职虽低，但却处理好了赈灾工作中的复杂关系，据平武训导徐大昌称"……大吏赈至，则事定已阅月矣"①，这无疑是一种进步。作为身兼父子的中间一代，蒋泽沄自然是悲欣交集。

三　结　语

光绪庚寅年（1890），宦蜀七年的蒋德钧以任期届满考绩优秀而获引见进京，特地请假取道湖南省亲祭墓②，离家之际，蒋泽沄有诗五首，如云"正喜莼羹侍朝夕，翻怜莱采别庭闱"，对儿子刚一回家又要出门，是满满的不舍；"故人如问而翁态，拄杖看山憩晚晴"，亦不过是老人强充的硬朗。更有一种难堪处，蒋德钧任官数载，"廉俸所入，悉以筹赈及倡行各义举。卸篆后，蒙（礤）使延公假二千金始克归家。其北上及回川旅费，余勉贷给"③。官做到堂堂知府，不能以俸钱反哺孝亲，反而拖累老父，清白之吏，何其难为！教人不忍卒读。

兴学、赈灾都是蒋德钧在龙安脍炙人口的政事，然而龙安政事何止于此！也许，应邀来匡山讲学的李榕写诗称蒋德钧"朝接吏民逾日昃，夕治文书过夜午"④，在蒋泽沄眼里，不过是为政本分；也许，儿子劝农桑、兴水利，造福一方，以雷霆手段禁赌缉盗，在曾是官场中人且久经沙场的父

① （清）武丕文等修《光绪江油县志》，《中国地方志集成·四川府县志辑》第18册，巴蜀书社，1992，第190页。
② 蒋泽沄：《容川诗钞》，《清代诗文集汇编》第七二八册，上海古籍出版社，2010，第760页。
③ 蒋泽沄：《容川诗钞》，《清代诗文集汇编》第七二八册，上海古籍出版社，2010，第760页。
④ 武丕文等：《光绪江油县志》，《中国地方志集成·四川府县志辑》第18册，巴蜀书社，1992，235页。

亲眼里也只是寻常。这些事，都不曾入得蒋泽沄的诗笔，所幸龙安士民还能记得贤太守，记得一百年前的旧事。蒋德钧下一次回家，已是四年后丁忧离任，父亲蒋泽沄撒手人寰，再也不能咏诗记载关于儿子的任何骄傲。

Table of Contents

Qian Jibo's Highly Praise to the Sages of Hunan during the Anti-Japanese War

Zhang Jingping　Hu Yue

Abstract: During the Anti-Japanese War (1937 – 1945), Qian Jibo taught at the National Normal University and lived in Hunan for eight years, which gave him a personal experience of Xiang culture. In his teaching years, he not only focused on digging the articles of the Hunan sages as the curriculum resources, but also discussed with the scholars to explore deeper understanding of Hunan culture and academy. He finally compiled the book "The Study Style of Hunan in the Last Hundred Years". From the fusion of regional and national perspective, Qian Jibo selected 7 groups from modern Hunan characters, and developed them in chronological order, constructing a unique lineage of Xiang Study knowledge, and revealing the "independent and free thought" of Huxiang culture. The character of the "Strong Day of Unyielding Spirit" has created a new image of Xiang Study who is stubborn and inspires people to win Anti-Japanese War.

Key words: Qian Jibo; Anti-Japanese War; a View about Hunan Academy

Tao Shu and Local Chronicles

Huang Junjun

Tao Shu is both an important court official and scholar. He vigorously advocated the work of local chronicles, which was both practical and beneficial. Tao Shu attaches great importance to the cause of local chronicles, and has a complete set of theories on the cultivation of records. From the origin, nature, function, content, specific methods of the cultivation of records, and the quality requirements of the staff, he has a clear claim that he is proficient in local records. He made a certain contribution in the field of local history.

Key words: Tao Shu; local chronicle; local chronicle theory

Research on the Affined Relationship between Shanhua He Family and Daozhou He Family

Luo Hong

Abstract: Till Qing Dynasty, He Family of the East Gate of Dazhou became well-known for the third overall in the royal examinations and four outstanding sons, He Shaoji, He Shaoye, He Shaoqi, and He Shaojing, who were famous for painting and calligraphy. They shines splendidly in Huxiang cultural and artistic field. After that, talented offspring came out from the next generations of He family. He Changling, He Xiling from Shanhua and He Linghan and He Shaoji from Daozhou have deep contacts. This article analyzes the relationship between Shanhua He family and Daozhou He family. This is not to add icing on the cake and make up a story of family marriage, but to explore the truth. In terms of historical search, truth is more attractive than the story.

Key words: Shanhua He Family; Dazhou He Family; Cultural Family; Xiang Study

Bei Yunxin and Modern Hunan
——Focusing on Law, Education and Journalism

Chen Bing

Abstract: Bei Yunxin is an outstanding figure in the field of law, education and press in Modern Hunan. He began to devote himself to the legal and political

affairs of Hunan from the end of Qing Dynasty. After 1911, he served as the gover-
nor of Hunan Province. In the third year of the Republic of China, he became a
lawyer and served as the president of the Changsha Lawyers Association. He was
known as a "lawyer's teacher" in Modern Hunan legal circles. After his close
friend Tan Sitong was killed, Bei Yunxin realized that Chinese people's wisdom
had not been opened, so she went to Japan to study. After returning home, she
devoted herself to invigorating people's wisdom and founded many new schools to
cultivate talents. She was honored as "President's chief" in Modern Hunan Educa-
tion circle. Bei Yunxin was also outstanding in the modern Hunan press. He foun-
ded Hunan Gong Bao in the early Republic of China, and then created Da Gong
Bao. He also served as the president of Hunan Press Association. He always ad-
hered to the standpoint of "the road is public", and played an important role in
opposing autocracy and promoting political progress. .

Key words: Bei Yunxin; Hunan; Lawyer's Teacher; President's Chief; Da
Gong Bao

Collected in *RulinBiograhphy*: Wang Fuzhi's Key to the Academic History of the Qing Dynasty

Guo Qin

Abstract: During Jiaqing's years, Ruan Yuan was appointed to compile *Rulin
Biography*, and Wang Fuzhi was collected in it. Wang Fuzhi's entry into the Rulin
Biography is not only due to his academic reputation as "the crown of Hunan",
but also because his image in the new Dynasty has a process of changing from time
to time, that is, the Qing government officially recognized him as "the noble of dy-
nasty". His academic works were officially collected and then included in "the
Complete Library of the Four Branches of Literature". It is worth noting that Wang
Fuzhi was at the forefront of Ruan Yuan's "National History of Rulin Biography",
which was a key event for Wang to enter Qing's academic history. Since then,
there has never been Wang Fuzhi without official and private scholarship. In

addition, because of his position in the biography history, Wang Fuzhi has gradually become the spiritual leader of cultural scholarship in later regional discourses. In the late Qing Dynasty, Wang Fuzhi not only became the source of modern Huxiang culture, but also became the three great thinkers in the late Ming and early Qing dynasties alongside Gu Yanwu and Huang Zongxi.

Key words: "Rulin Biography"; Wang Fuzhi; Academic History

"Tradition" and "Example": Two Key Words of Cheng Qianfan's Educational Method

Yao Yufei

Abstract: Cheng Qianfan is a typical figure who advocates Chinese traditional education in the 20th century. His educational activities were influential in the academic world. He made the education powerful by combing the tradition of scholar-bureaucrats culture, the tradition of Qing Confucianism and the high education of the Republic of China. Cheng Qianfan affected many students through teaching by personal examples as well as verbal instruction. He regards teaching as a handicraft transferring between master and apprentice, which not only has strict discipline of craftsmen, but also lacks warm education. By cultivating talents, Cheng Qianfan has basically realized his cultural ideal of "saving the world through spreading virtue and preserving the essence of the country".

Key words: Tradition; Personal Education; Cheng Qianfan; Education; Teaching

Liu Yuxun and Zeng Guofan: Military Assistance, Financial Support and Daily Communication

Liao Taiyan

Abstract: Liu Yuxun has a close relationship with Zeng Guofan: Liu led the victory of Zeng's "Jiangjun Army" and defended Jiangxi to give strong support to

Zeng. Liu made great efforts in raising military expenditure for Xiangjun Army through participating in Jiangxi Tax Bureau. Zeng Guofan treat kindly to him. Zeng pleaded and defended against false accusations for him, and they always wrote for each other.

Key words: Liu Yuxun; Zeng Guofan; Xiangjun Army

The Rescue Bureau of Chenzhou Prefecture and Yuanjiang Water Rescue in Qing Dynasty

Yang Bin

Abstract: The Yuanjiang River in Qing Dynasty was busy with water transportation, frequent business travels, and many dangerous beach and rocks in the Yuanjiang section of the Chenzhou Prefecture. With the efforts of local officials and gentry, the Yuanjiang water rescue project came into being. Based on the water situation of the Yuanjiang River, the Life Saving Bureau of Chenzhou Prefecture set up branch offices at various points of danger, and gradually formed its own unique management and operation mechanism. The safety of water transportation has made considerable contributions.

Key words: Qing Dynasty; Yuanjiang River; Chenzhou Prefecture Life Saving Bureau

The "Legislative Argument" in the late Qing Dynasty and Yang Du's Nationalism

Xiao Yan

Abstract: In the process of law reform and law revision in the late Qing Dynasty, a great controversy broke out on the formulation of the new criminal law of the Qing Dynasty, which is called "Legislative Argument". In the voting procedure of new criminal law, Yang Du, on behalf of the government, elaborated the gist of the new criminal law, proposed that the state should formulate the new law in line with the needs of the times and guided by the nationalism, which include as follows: to break down the clan system and emphasize that the people are "directly guided by the State"; to reform the old law which is permeated with the family doctrine and realize the modernization of law; to break down the inappropriate tradition of etiquette and religion and realize the nationalism. Nationalism emphasizes human rights, equality and freedom, but it is different from individualism in the west; the idea that nationalism and familism would not be reconciled was also different from other members of the legal philosophy. As one of the important ideological theories in the " Legislative Argument", it was against Chinese tradition and learned from western laws so that it became a powerful weapon for the legal philosophy to resist their opponents, and the struggle between nationalism and familism became the late focus of The "Legislative Argument", which had historical significance for emancipating the mind and promoting the transformation of modern Chinese legal system.

Key words: Yang Du; Nationalism; The "Legislative Argument"; Familism

Research on Guo Songtao's Lost Essays

Wang Xiaotian

Abstract: This article by Guo Songtao, originally published in two consecutive revisions of the "Zou Clan Genealogy" in the Xinhua Zou Clan Muqintang Xianfeng six years. It is edited from the third volume of "Shou Xu" in the eighth year of the Republic of China. Compared with the "Complete Works of Guo Songtao" published by Yuelu Press, it was defined to be the lost essay of Guo, and it was used as a collation point. Different from the general article, this article is quite possible to convey considerable literature and historical value.

Key words: Guo Songtao; Zou Clan Genealogy; Chronicle of Guo Songtao

Xuanlou Xianwailu (excerpt)

Li Jing's original works; He Meihua sorts out

Abstract: Record of "Xuanlou Xianlou Xianlu" is one of the important works of Hunan violinist Li Jing. The content of its records is complicated, and mostly purchasing piano by the author, singing of the friends, the exchange of piano affairs, etc. , They are poems, articles, or inscriptions. However, the importance of the description is paid much attention by many scholars and has an irreplaceable value in violin history. Articles such as "Ji Fei Quan", "One of the Luqin I See", "Duo You", "The Funeral of Mr. Yang Shibai, Jiu Sushan" have become the material that modern scholars must study.

Key words: "Xuanlou Xianlou Xianlu"; Li Jing; Violin History; Violin Study

Longan Magistrate Jiang Dejun in the Poem Rongchuan Shichao

Guo Ping

Abstract: Jiang Zexuan (1833 ~ 1893), born in Xiangxiang, Hunan, son of Jiang Ningxue, a famous Hunan military general. During the year in late Qing Dynasty, Jiang and his father joined the army and participated in the Taiping Tianguo. Jiang Dejun was selected by the minister as Sichuan Long'An magistrate. During his ten years in Long'an, Jiang Dejun benefited local citizens and promoted public services. After Jiang left office, local people engraved "Memorial for County Nobleman" for him. The monument is preserved till today. His "Rongchuan Poem Collection" had four volumes and was circulated around with popularity. Multiple of the poems were titled "To My Son", which is, for Dejun. This article extracts Jiang Dejun's political achievements recorded in these poems and explores the positive influence of his "poetry education" on Jiang Dejun's administration.

Key words: Jiang Zeyun; Poems to Son; Long'an County Mayor; Jiang Dejun

《湘学研究》征稿启事

千年湘学，源远流长，博大精深，是中华传统文化的重要组成部分。湖南以其厚重的文化底蕴和独特的文化张力，孕育了一大批经邦济世的杰出人才，为推动中国社会变革和发展做出了重要贡献。研究湘学、弘扬湘学，乃发展湖南和当代中国、繁荣中华文明之要务。《湘学研究》系湖南省湘学研究院主办的学术集刊，拟刊布湘学研究的高水准成果。本刊由社会科学文献出版社出版，每年出版2辑。

《湘学研究》主要设置以下栏目：湘学专题研究；湖南人文历史；湘学文献整理研究。发稿方向和范围包括：湘学研究的基本理论；湘学与国学的关系；湘学文献搜集整理与研究；国内各地域文化与湘学的比较研究；湘学传统与湖南现代化研究；湘学与当代湖南发展研究；湘学与当代中国发展研究。

本刊不收版面费，出版后奉致稿酬并样书两本。

本刊来稿要求如下。

一、来稿须是未经发表的学术论文，一般以不超过1万字为宜，要求政治导向正确，学术观点新颖，论据充足，论证严密，文字通达。

二、来稿须提供中英文摘要200~300字，关键词3~5个。

三、作者简介务必简洁，所任职务、职称不超过2个，并在文末附以联系电话与电子邮件地址。

四、所有来稿，编辑部有权做适当修改，如不同意者请予以注明。

五、正文采用5号字体；注释采用小5号字体，一倍行距，A4纸页面。文内章节采用如下顺序："一""（一）""1.""（1）"。

六、注释格式：

（一）总要求

1. 采用页下注。注释序号用①，②，③……标识，每页单独排序。卷数、册数、页码均使用阿拉伯数字。多页码之间使用波浪线连接号"~"

连接。

2. 责任方式为著时，"著"可省略，著者后接":"；其他责任方式不可省略，不接":"。

3. 中国作者无须标明所属朝代；国外作者须加国别，如：〔美〕。

（二）出版物主要引用格式

1. 专著

（1）标注顺序

责任者与责任方式：文献题名，出版者，出版年，页码。

（2）示例

赵景深：《文坛忆旧》，北新书局，1948，第43页。

谢兴尧整理《荣庆日记》，西北大学出版社，1986，第175页。

〔日〕实藤惠秀著，谭汝谦、林启彦译《中国人留学日本史》，生活·读书·新知三联书店，1983，第11~12页。

2. 析出文献

（1）标注顺序

责任者：析出文献题名，"载"文集责任者与责任方式文集题名，出版者，出版年，页码。

文集责任者与析出文献责任者相同时，可省去文集责任者。

（2）示例

杜威·佛克马：《走向新世界主义》，载王宁、薛晓源编《全球化与后殖民批评》，中央编译出版社，1998，第247~266页。

鲁迅：《中国小说的历史的变迁》，载《鲁迅全集》第9册，人民文学出版社，1981，第325页。

3. 古籍

（1）标注顺序

责任者：析出文献题名，文集责任者与责任方式：文集题名卷册次数，丛书项，卷册次数，版本或出版信息，页码。

（2）示例

管志道：《答屠仪部赤水丈书》，《续问辨牍》第2卷，《四库全书存目丛书》第88册，齐鲁书社，1997，第73页。

4．期刊

（1）标注顺序

责任者：文献题名，期刊名年期 。

（2）示例

何龄修：《读顾诚〈南明史〉》，《中国史研究》1998 年第 3 期。

5．网络

若存在相同内容的纸质出版物，应采用纸质出版物的文献源。若唯有网络来源则标注顺序为：

责任者：电子文献题名，站名，文献标注日期，访问路径。

赐稿邮箱：xiangxueyj@163.com

通信地址：410003　湖南省长沙市德雅村湖南省社会科学院《湘学研究》编辑部

图书在版编目（CIP）数据

湘学研究. 2020 年. 第 1 辑：总第 15 辑 / 湖南省湘
学研究院主办. —— 北京：社会科学文献出版社，2020.8
ISBN 978 - 7 - 5201 - 7109 - 0

Ⅰ. ①湘… Ⅱ. ①湖… Ⅲ. ①学术思想 - 思想史 - 研
究 - 湖南 Ⅳ. ①B2

中国版本图书馆 CIP 数据核字（2020）第 152055 号

《湘学研究》2020 年第 1 辑（总第 15 辑）

主　　办 / 湖南省湘学研究院

出 版 人 / 谢寿光
组稿编辑 / 任文武
责任编辑 / 李　淼　杜文婕

出　　版 / 社会科学文献出版社 · 城市和绿色发展分社（010）59367143
　　　　　 地址：北京市北三环中路甲 29 号院华龙大厦　邮编：100029
　　　　　 网址：www. ssap. com. cn
发　　行 / 市场营销中心（010）59367081　59367083
印　　装 / 三河市尚艺印装有限公司

规　　格 / 开　本：787mm × 1092mm　1/16
　　　　　 印　张：9.5　字　数：155 千字
版　　次 / 2020 年 8 月第 1 版　2020 年 8 月第 1 次印刷
书　　号 / ISBN 978 - 7 - 5201 - 7109 - 0
定　　价 / 88.00 元